CITY|TRIP
REYKJAVÍK

INHALT

Nicht verpassen!	1
Benutzungshinweise	5
Bildnachweis	5
Die Autoren	6
Schreiben Sie uns	6

AUF INS VERGNÜGEN 7

Reykjavík an einem verlängerten Wochenende	8
Zur richtigen Zeit am richtigen Ort	13
Reykjavík für Kauflustige	19
Reykjavík für Genießer	29
Reykjavík am Abend	39
Reykjavík für Kunst- und Museumsfreunde	42
Reykjavík zum Träumen und Entspannen	47

AM PULS DER STADT 49

Das Antlitz der Stadt	50
Von den Anfängen bis zur Gegenwart	51
Leben in der Stadt	56
Finanzkrise und Neubeginn	63

REYKJAVÍK ENTDECKEN 67

Alte Innenstadt 68

❶ Aðalstræti ★★	68
❷ 871±2 Besiedlungsausstellung (Landnámssýningin) ★★★	68
❸ Parlamentsgebäude (Alþingishúsið) ★★	69
❹ Dom (Dómkirkjan) ★★	70
❺ Rathaus (Ráðhúsið) ★	71
❻ Iðnó-Theater ★	72
❼ Gymnasium (Menntaskólinn í Reykjavík) ★★	73
❽ Bernhöftsgruppe (Bernhöftstorfan) ★★	73
❾ Regierungshaus (Stjórnarráðhúsið) ★	74
❿ Harpa ★	74
⓫ Flohmarkt Kolaportið ★★★	75
⓬ Kulturhaus (Þjóðmenningarhúsið) ★★★	76
⓭ Sólfar – Das Sonnenschiff ★★★	77
⓮ Hallgrímskirkja ★★★	77
⓯ Nordisches Haus (Norræna Húsið) ★★	78
⓰ Nationalmuseum (Þjóðminjasafn Íslands) ★★★	79

Außerhalb des Zentrums 80

- ⓱ Höfði ★★ 80
- ⓲ Laugardalur ★★ 80
- ⓳ Perlan ★★★ 81
- ⓴ Freiluftmuseum Árbæjarsafn ★★★ 82
- ㉑ Viðey ★★ 82

Entdeckungen außerhalb Reykjavíks 83

Golden Circle – der Goldene Kreis 83
- ㉒ Þingvellir ★★★ 84
- ㉓ Haukadalur – Geysire und heiße Quellen ★★★ 87
- ㉔ Gullfoss ★★★ 88
- ㉕ Kerið ★★ 89
- ㉖ Hveragerði ★★ 89
- ㉗ Geothermalkraftwerk Hellisheiði (Hellisheiðarvirkjun) ★★ 90
- ㉘ Blue Lagoon (Bláa Lónið) ★★★ 90
- ㉙ Leuchtturm Reykjanes (Reykjanesviti) ★★ 91

Reykjavík Outdoor – Natur und Abenteuer 92

PRAKTISCHE REISETIPPS 99

Anreise	100
Ausrüstung und Kleidung	102
Autofahren	102
Barrierefreies Reisen	104
Diplomatische Vertretungen	105
Ein- und Ausreisebestimmungen	105
Elektrizität	105
Geldfragen	105
Informationsquellen	108
Internet und Internetcafés	112
Medizinische Versorgung	112
Mit Kindern unterwegs	113
Notfälle	115
Öffnungszeiten	115
Post	115
Radfahren	115
Schwimmbäder	116
Schwule und Lesben	117
Sicherheit	118
Sprache	118
Telefonieren	119
Uhrzeit	119
Unterkünfte	119
Verhaltenstipps	122
Verkehrsmittel	123
Wetter und Reisezeit	124

ANHANG 125

Kleine Sprachhilfe Isländisch 126
Register 132

CITYATLAS 135

Reykjavík, Zentrum 136–139
Legende der Karteneinträge 140
Zeichenerklärung 143
Reykjavík, Umgebung 144

EXKURSE ZWISCHENDURCH

Das gibt es nur in Reykjavík 12
13 Weihnachtsmänner und
 die Weihnachts-Katze. 18
Isländische Snacks. 34
Smoker's Guide. 39
Islands Wasser 51
Germanische Götter –
 die Asenglaubensgemeinschaft . . 62
Skúli Magnússon 68
Reykjavík preiswert. 107
Unsere Literaturtipps. 110
Namensgebung. 122

Sabine Burger, Alexander Schwarz

CITY|TRIP
REYKJAVÍK

NICHT VERPASSEN!

2 871±2 BESIEDLUNGS-AUSSTELLUNG [B4]
Bis auf vier Jahre genau lässt sich das Jahr der Besiedlung Reykjavíks festlegen. Die interaktive und mit technischen Tricks ausgestattete Ausstellung in der Innenstadt über die Funde der ersten Besiedlung ist das ganze Jahr über zu besuchen (s. S. 68).

11 FLOHMARKT KOLAPORTIÐ [C3]
Am Wochenende stöbern Einheimische und Touristen durch den bunten Flohmarkt im Zollamt beim Hafen, um Schnäppchen zu finden oder sich mit landestypischen Lebensmitteln wie getrocknetem Fisch zu versorgen (s. S. 75).

12 KULTURHAUS [D4]
Die wichtigsten Zeugnisse der Welt der Sagen und des täglichen Lebens sind in der Form von mittelalterlichen Handschriften und Manuskripten erhalten und werden im Kulturhaus ausgestellt (s. S. 76).

14 HALLGRÍMSKIRKJA [D5]
Die Plattform des 74,5 m hohen Turms der markant gestalteten Kirche bietet einen grandiosen Blick über die gesamte Stadt (s. S. 77).

16 NATIONALMUSEUM [B5]
2000 Objekte und etwa 1000 Fotos bringen dem Besucher die Entstehungsgeschichte der isländischen Nation von der Wikingerzeit bis heute nahe (s. S. 79).

19 PERLAN [E8]
Die Aussichtsplattform auf den Heißwasserspeichern der Stadt bietet einen einmaligen Blick über die Stadt und die angrenzenden Gemeinden (s. S. 81).

22 ÞINGVELLIR
Der heutige Nationalpark war bereits im 10. Jh. Versammlungsstätte und ist seither mit wesentlichen Ereignissen der isländischen Geschichte verknüpft (s. S. 84).

23 GEYSIR UND STROKKUR
Die berühmten Springquellen sind Teil eines aktiven Geothermalfelds, das außerdem brodelnde Schlammlöcher und heiße Quellen umfasst. Der Strokkur bricht zuverlässig alle 5 bis 10 Minuten aus (s. S. 87).

28 BLUE LAGOON
Auf dem Weg vom oder zum Flughafen lohnt sich der Abstecher zur „Blauen Lagune". Das 37–39 °C warme, milchigblaue Wasser des Bades ist reich an Algen, Silizium und Mineralien und somit eine Wohltat für die Haut (s. S. 90).

Leichte Orientierung mit dem cleveren Nummernsystem
Die Sehenswürdigkeiten der Stadt sind zum schnellen Auffinden mit **fortlaufenden Nummern** versehen. Diese verweisen auf die ausführliche Beschreibung **im Kapitel „Reykjavík entdecken"** und zeigen auch die genaue Lage **im Stadtplan.**

IMPRESSUM

Sabine Burger, Alexander Schwarz
CityTrip Reykjavík

erschienen im
REISE KNOW-How Verlag Peter Rump GmbH,
Osnabrücker Str. 79, 33649 Bielefeld

© Peter Rump 2009
2., neu bearbeitete und komplett aktualisierte Auflage 2011
Alle Rechte vorbehalten.

ISBN 978-3-8317-2122-1
PRINTED IN GERMANY

Herausgeber und Gestaltungskonzept:
Klaus Werner
Lektorat: amundo media GmbH
Layout: Günter Pawlak (Umschlag),
Anna Medvedev (Inhalt)
Fotos: siehe Bildnachweis S. 5
Karten: Ingenieurbüro B. Spachmüller,
amundo media GmbH
Druck und Bindung:
Himmer AG, Augsburg

Dieses Buch ist erhältlich in jeder Buchhandlung Deutschlands, der Schweiz, Österreichs, Belgiens und der Niederlande. Bitte informieren Sie Ihren Buchhändler über folgende Bezugsadressen:
Deutschland: Prolit GmbH, Postfach 9, D-35461 Fernwald (Annerod) sowie alle Barsortimente
Schweiz: AVA Verlagsauslieferung AG, Postfach 27, CH-8910 Affoltern
Österreich: Mohr Morawa Buchvertrieb GmbH, Sulzengasse 2, A-1230 Wien
Niederlande, Belgien: Willems Adventure, www.willemsadventure.nl

Wer im Buchhandel trotzdem kein Glück hat, bekommt unsere Bücher auch über unseren Büchershop im Internet:
www.reise-know-how.de

Alle Informationen in diesem Buch sind von den Autoren mit größter Sorgfalt gesammelt und vom Lektorat des Verlages gewissenhaft bearbeitet und überprüft worden.
Da inhaltliche und sachliche Fehler nicht ausgeschlossen werden können, erklärt der Verlag, dass alle Angaben im Sinne der Produkthaftung ohne Garantie erfolgen und dass Verlag wie Autoren keinerlei Verantwortung und Haftung für inhaltliche und sachliche Fehler übernehmen.
Die Nennung von Firmen und ihren Produkten und ihre Reihenfolge sind als Beispiel ohne Wertung gegenüber anderen anzusehen.
Qualitäts- und Quantitätsangaben sind rein subjektive Einschätzungen der Autoren und dienen keinesfalls der Bewerbung von Firmen oder Produkten.

Wir freuen uns über Kritik, Kommentare und Verbesserungsvorschläge:
info@reise-know-how.de

www.reise-know-how.de
› Ergänzungen nach Redaktionsschluss
› kostenlose Zusatzinfos und Downloads
› das komplette Verlagsprogramm
› aktuelle Erscheinungstermine
› Newsletter abonnieren
Verlagsshop mit Sonderangeboten

BENUTZUNGSHINWEISE

CITYATLAS/-FALTPLAN

Die im Buch beschriebenen Örtlichkeiten wie Sehenswürdigkeiten, Restaurants, Hotels, Cafés usw. sind im Kartenmaterial von Reykjavík mit Symbol und Nummer eingetragen.

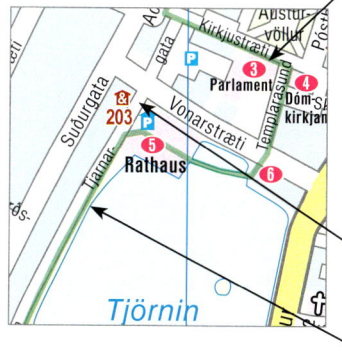

Ortsmarken mit fortlaufender Nummer, aber ohne Angabe des Planquadrats liegen außerhalb der im Buch abgebildeten Kartenmaterials. Sie können aber wie alle im Buch beschriebenen Örtlichkeiten leicht in unseren speziell aufbereiteten Internet-Karten lokalisiert werden (siehe hintere Umschlagklappe).

ORIENTIERUNGSSYSTEM

Zur schnelleren Orientierung tragen alle Hauptsehenswürdigkeiten und Lokalitäten die gleiche Nummer sowohl im Text als auch in den Stadtplänen:

❸ Die Hauptsehenswürdigkeiten werden im Abschnitt „Reykjavík entdecken" beschrieben und mit einer fortlaufenden magentafarbenen Nummer gekennzeichnet, die auch im Kartenmaterial eingetragen ist.

Stehen die Nummern im Fließtext, verweisen sie auf die jeweilige Beschreibung der Sehenswürdigkeit im Kapitel „Reykjavík entdecken".

 203 Mit Symbol und fortlaufender Nummer werden die sonstigen Lokalitäten wie Galerien, Geschäfte, Hotels, Infostellen usw. gekennzeichnet.

❯ Die grüne Linie markiert den Verlauf des Stadtspaziergangs (s. S. 8).

[E4] Die Angabe in eckigen Klammern verweist auf das Planquadrat im Kartenmaterial.

BEWERTUNG DER SEHENSWÜRDIGKEITEN

★★★ auf keinen Fall verpassen
★★ besonders sehenswert
★ wichtige Sehenswürdigkeit für speziell interessierte Besucher

■ BILDNACHWEIS

Die Kürzel an den Abbildungen stehen für folgende Fotografen, Firmen und Einrichtungen. Wir bedanken uns für die freundliche Abdruckgenehmigung.

Cover und **as**
Alexander Schwarz,
Sabine Burger (die Autoren)

DIE AUTOREN

Sabine Burger und **Alexander Schwarz** (beide *1964) kommen ursprünglich aus dem Schwarzwald und verbringen etwa vier bis sechs Monate jährlich in Island. Sind sie gerade nicht auf der Insel im Nordatlantik, so sind sie irgendwo anders unterwegs oder zu Hause in Holland. Beide Autoren arbeiten auch als Energiearbeiter und Klangtherapeuten in mehreren Ländern (siehe www.art-of-healing.nl), Alexander arbeitet außerdem freiberuflich als Editor at Large für einen niederländischen Verlag und als Literaturagent.

Aus ihrer Feder stammen bereits mehrere Artikel und Bücher aus den Themenbereichen Spracherwerb und Reisen, so auch die Reiseführer CityTrip und CityGuide Amsterdam sowie der Kauderwelsch-Band „Schwäbisch" aus dem Reise Know-How Verlag. Weiterführendes, Reiseberichte und Aktuelles zu Reykjavík und Island findet sich auf der Website des Autors:
› www.inReykjavik.net

DANKSAGUNG

Við gerð þessarar ferðabókar fengum við mikla hjálp og margar hugmyndir og ábendingar frá ýmsu góðu fólki.

Okkur langar að koma á framfæri innilegu þakklæti til ykkar allra fyrir hjálpina.

Vonandi kemst áhugi ykkar til skila í þessari bók og verður þannig öðrum hvatning til að heimsækja land og þjóð og vekur hjá þeim löngun til að kynnast af eigin raun fegurð borgarinnar, umhverfi hennar og vinsamlegum íbúum.

Sjáumst síðar.

SCHREIBEN SIE UNS

Dieser CityTrip-Band ist gespickt mit Adressen, Preisen, Tipps und Infos. Nur vor Ort kann überprüft werden, was noch stimmt, was sich verändert hat, ob Preise gestiegen oder gefallen sind, ob ein Hotel, ein Restaurant immer noch empfehlenswert ist oder nicht mehr usw. Unsere Autoren sind zwar stetig unterwegs und erstellen alle zwei Jahre eine komplette Aktualisierung, aber auf die Mithilfe von Reisenden können sie nicht verzichten.

Darum: Schreiben Sie uns, was sich geändert hat, was besser sein könnte, was gestrichen bzw. ergänzt werden soll. Wenn sich die Infos direkt auf das Buch beziehen, würde die Seitenangabe uns die Arbeit sehr erleichtern. Gut verwertbare Informationen belohnt der Verlag mit einem Sprechführer Ihrer Wahl aus der über 220 Bände umfassenden Reihe „Kauderwelsch".

Bitte schreiben Sie an:
Reise Know-How Verlag Peter Rump GmbH, Postfach 140666, D-33626 Bielefeld, oder per E-Mail an:
info@reise-know-how.de

Danke!

Latest News
Unter **www.reise-know-how.de** werden regelmäßig aktuelle Ergänzungen und Änderungen der Autoren und Leser zum vorliegenden Buch bereitgestellt. Sie sind auf der Produktseite dieses CityTrip-Titels abrufbar.

AUF INS VERGNÜGEN

REYKJAVÍK AN EINEM VERLÄNGERTEN WOCHENENDE

Drei volle Tage sollten es für einen Reykjavíkbesuch schon sein, denn dann hat man genügend Zeit für eine längere Tour in die raue Natur aus Lavafeldern, Geysiren und Wasserfällen – zusätzlich zu diversen Museumsbesuchen, Shoppingtrips und Ausflügen ins Reykjavíker Nachtleben.

Da fast alle Flüge am Nachmittag in Keflavík eintreffen, hat man am Ankunftstag noch ein bisschen Zeit, etwas zu unternehmen – während der Hauptsaison von Mai bis September bleibt es sowieso lange hell. Am Abreisetag sind fast alle Flüge schon vor 8 Uhr morgens geplant, daher kann man diesen Tag nicht mehr für Aktivitäten reservieren.

ANREISETAG

Wer die **Blaue Lagune** ㉘ in der Nähe des Flughafens besuchen möchte, kann die Fahrt nach Reykjavík mit einem Besuch dieses luxuriösen Schwimmbades verbinden (s. S. 116). Wer schon am Flughafen ein eigenes Fahrzeug gemietet hat, hat alternativ die Möglichkeit, auf der Fahrt nach Reykjavík entlang der Lavafelder und der zerklüfteten Küstenlinie einen Abstecher zum **Leuchtturm Reykjanes** ㉙ zu machen (teilweise unbefestigte Schotterstrecke). Die schwarze Lava, der zischende Wind, die tosende See, die ungemein kraftvoll auf die Lavaklippen bricht, und die Aussicht auf die Felsen Karl und Eldey sind wahrlich beeindruckend.

◀ *Vorseite: Im Sægreifinn gibt es beste Fischspeisen in spartanisch-gemütlicher Atmosphäre (s. S. 35)*

1. TAG: KULTUR

Stadtspaziergang

Als Startpunkt eignet sich das architektonisch hochinteressante **Konzert- und Konferenzzentrum Harpa** ❿ im östlichen Hafengebiet. Von dort geht es nur ein kurzes Stück zu den Liegeplätzen der Walbeobachtungsschiffe (s. S. 96) in westliche Richtung weiter. In den kleinen blaugrünen Gebäuden am **Hafen** sind Cafés, kleine Restaurants und verschiedene (Souvenir-)Läden zu entdecken.

Vom Hafen aus geht es über Ægisgata, Bárugata und über einen kleinen Weg zur Mjóstræti. Hier eignen sich historische und schmuck herausgeputzte (Holz-)Häuser als Fotomotiv. Zurück auf der **Aðalstræti** ❶ passiert man das Fógetahúsið, das älteste Haus der Stadt. Nur ein kleines Stück weiter befindet sich die durch viele multimediale Anwendungen interessant und ansprechend gestaltete **871±2 Besiedlungsausstellung** ❷. Weiter geht es in Richtung des Stadtsees Tjörnin, wobei man auf dem **Austurvöllurplatz** noch an der kulturhistorisch bedeutenden **Dom** ❹ und am **Parlament** ❸ vorbeikommt. Direkt am Tjörnin stehen das 1992 eingeweihte **moderne Rathaus** ❺ und daneben das **Iðnó-Theater** ❻, das 1896 von der Handwerkervereinigung als Theater, Versammlungsstätte,

> *Routenverlauf im Stadtplan*
> Der hier beschriebene Spaziergang ist mit einer grünen Linie im Kartenmaterial eingezeichnet.

AUF INS VERGNÜGEN
Reykjavík an einem verlängerten Wochenende

Konzert- und Tanzsaal gebaut wurde. Im ganzen Gebäude hängen Gemälde von bekannten isländischen Künstlern. Park und **Tjörnin** werden von den Stadtbewohnern im Sommer und Winter gern besucht. Die rechte **Seeseite** entlang kann man die ursprünglich aus Norwegen importierten Holzhäuser bewundern. Am Ende des Parks sieht man schon das **Nationalmuseum** ⑯, ein absolutes Muss bei jedem Reykjavíkbesuch.

Von der eingezeichneten Route abweichend kann sich hier ein **Abstecher zum dem Nordischen Haus** ⑮ Richtung Süden lohnen.

Vom **Nationalmuseum** ⑯ geht es Richtung Osten durch den Park und weiter zur **Njarðargata**. Die Straße führt hinauf zum **Einar Jónsson Museum** (s. S. 43) mit seinem Skulpturengarten und zur **Hallgrímskirkja** ⑭. Touristen besteigen ihren Turm, die Stadtbewohner besuchen die Kirche zu Gottesdiensten und Konzerten.

Die **Skólavörðustígur** hinunter geht es wieder Richtung Hafen. Die anschließende **Bankastræti** und deren Fortsetzung **Laugavegur** [D4] sowie die Skólavörðustígur selbst [D4/5] bieten **alles, was das Shoppingherz höher schlagen lässt**: interessante Geschäfte, isländisches Design, isländische Mode, Schmuck, Accessoires, aber auch eine ganze Menge Cafés und Restaurants, in denen man eine Pause einlegen kann. Von der **Bankastræti** aus ist es dann nur ein Katzensprung zum **Kulturhaus** ⑫ und zurück zum Platz Lækjatorg. Hier sieht man das Zollamt, in dem samstags und sonntags der **Kolaportið-Flohmarkt** ⑪ stattfindet.

Wer nach dem Spaziergang noch Zeit und Lust hat, etwas zu unternehmen, dem bieten sich genug Möglichkeiten, z. B. eine Fahrt zur **Walbeobachtung** (s. S. 96), ein Abstecher auf die kleine **Insel Viðey** ㉑ oder der Besuch eines Schwimmbads oder des **Strandbads Nauthólsvík** (s. S. 116).

▲ *Das Regierungshaus* ⑨ *an der zentralen Lækjargata*

AUF INS VERGNÜGEN
Reykjavík an einem verlängerten Wochenende

Für einen längeren Spaziergang bieten sich der Hügel Öskjuhlíð, auf dessen Spitze der eindrucksvolle Komplex **Perlan** ❾ thront, oder das Gebiet Laugardalur mit einem kleinen Botanischen Garten und dem Zoo (s. S. 114) an.

Abends

Die Innenstadt bietet viele sehr gute Restaurants (s. S. 31). Freitag und Samstag sind die Tage, an denen das **Nachtleben** auf vollen Touren läuft. In vielen Klubs, Bars und Discos hört man Livemusik, vor den Veranstaltungsorten stehen Warteschlangen und durch die ganze Innenstadt ziehen Gruppen junger Leute.

Etwas ruhiger und romantischer ist ein **Spaziergang am Meer** entlang. Dazu eignet sich beispielsweise der Rad- und Fußgängerweg im Südwesten und Süden der Stadt. Der Weg im Norden vom Hafen auf der Sæbraut zum **Sólfar** ⓭, der Skulptur eines stilisierten Wikingerschiffs aus Stahl, ist ebenfalls beliebt.

Von Mitte Oktober bis Mitte April werden abends von verschiedenen Anbietern **Nordlichttouren** angeboten. Zwar ist nicht garantiert, dass man das Nordlicht sieht, doch sind die Chancen außerhalb der Stadt und ohne störendes Kunstlicht weitaus besser.

2. TAG: RAUS AUS DER STADT

Ist man das erste Mal auf Island, sollte man sich auf jeden Fall einen ganzen Tag reservieren, um die erste Thingstätte Europas, Þingvellir ㉒, **wasserspeiende Geysire** sowie rauchende und streng riechende Schlammlöcher im geothermisch aktiven Gebiet **Haukadalur** ㉓ und den gewaltigen Wasserfall **Gullfoss** ㉔ zu besuchen. Diese Naturwunder liegen allesamt nur unweit von Reykjavík und gehören zu den **absoluten Höhepunkten eines Islandbesuchs**, weshalb die Tour auch „**Golden Circle**" („Goldener Kreis") (s. S. 83) genannt wird.

061rj Abb.: as

AUF INS VERGNÜGEN
Reykjavík an einem verlängerten Wochenende

EXTRATIPP

Reykjavik aus der Luft
Die Fluggesellschaft Eagle Air bietet vom Flughafen in Reykjavík [C/D8] aus **Rundflüge in Propellermaschinen** an: einen kürzeren Flug von circa 30 Minuten Dauer über die Stadt und Þingvellir ㉒ (120 €) und einen längeren Flug von etwa 90 Minuten Dauer (235 €) über Þingvellir, das geothermische Geysirfeld ㉓ und das Naturschutzgebiet Þórsmörk. Da hierfür immer eine Mindestzahl an Passagieren nötig ist, sollte man sich schon früh anmelden.
› **Eagle Air**, Reykjavík Airport, Tel. 5622640, www.eagleair.is

Entweder bucht man eine Golden-Circle-Tour bei einem **Anbieter** (s. S. 94) – dann braucht man sich um nichts zu kümmern, ist aber auf eine bestimmte Route und Zeitvorgabe festgelegt – oder man **mietet ein Auto** (s. S. 104) und erkundet die Umgebung selbst.

Wer selber aktiv sein und dabei die einzigartige isländische Natur erleben möchte, ist in Reykjavík und Umgebung genau richtig. Verschiedene Anbieter ermöglichen zahllose spannende Outdooraktivitäten: Gletscherwanderung, Reiten, Tauchen, Hochseeangeln, Walbeobachtung ... (s. S. 92).

3. TAG: SHOPPING UND GENUSS

Es ist ratsam, etwas Zeit für einen Einkaufsbummel einzuplanen, denn glücklicherweise gibt es in Reykjavík ein **großes und einzigartiges Angebot lokaler Designer und Künstler**. Also die Schuhe geschnürt und auf der **Laugavegur** [D4] hinunterflaniert! Von dort sollte man einen Abstecher in die Skólavörðustigur [D4/5] machen, die hoch zur Hallgrímskirkja ⓮ führt, und diese auf der anderen Straßenseite wieder hinunterlaufen. Zurück auf der Laugavegur geht der Bummel weiter über die Bankastræti, die Austurstræti [C4] bis hinunter zur

DAS GIBT ES NUR IN REYKJAVÍK

› **Freibad im Winter:** Isländer lieben ihr warmes Wasser und vor allem im Winter ist ein Bad im Schwimmbecken oder „Hotpot" besonders wohltuend. Die Schwimmbäder der Stadt (s. S. 116) werden mit Erdwärme beheizt und fast alle Bäder haben Außenbecken, die auch im tiefsten Winter wohlig warm sind.

› **Verrottetes Fleisch als Delikatesse:** „Hákarl", fermentierter Hai, ist eine kulinarische Besonderheit Islands und fester Bestandteil eines Þorrablót-Mahls (s. S. 14). Zu den gewöhnungsbedürftigen Speisen werden Unmengen von Brennivín (Schnaps) getrunken. Fermentierten Hai findet man aber auch das ganze Jahr hindurch bei eigenwilligen Fischern und Fischbuden.

› **Imagine Peace Tower:** Yoko Ono hat ihrer Liebe John Lennon eine Lichtinstallation gewidmet. Auf der Insel Viðey ❷ vor der Stadt sind in einer Anlage die Worte „Imagine Peace" in unterschiedlichen Sprachen eingraviert. Die Lichtinstallation erzeugt eine weithin sichtbare Lichtsäule, die von Lennons Geburtstag (9.10.) bis zu seinem Todestag (8.12.) eingeschaltet ist.

› **Elfenschule:** Magnús Skarpheðinsson widmet sich schon seit fast drei Jahrzehnten der Erforschung und Sammlung von Augenzeugenberichten über Elementarwesen (Elfen, Trolle, Feen, Zwerge, Kobolde u. v. m.). In den Sommermonaten gibt er außerdem Kurse über die verschiedenen Völker der Elementarwesen in Island.

●1 *[K7]* **Elfenschule (Álfaskólinn),** Síðumúli 31, Tel. 8944014

Aðalstræti ❶. Für Souvenirs eignet sich bestens die parallel zur Austurstræti verlaufende Hafnarstræti [C4]. Hier im Zentrum gibt es wirklich alles: von isländischer Outdoorkleidung (z. B. Cintamani, Iceware, Zo-on und North 66°) über traditionelle Wollkleidung, isländische Designermode (z. B. Kraum, Steinunn) und Schmuck (etwa Gullkúnst Helgu, Jón & Óskar) bis zu netten Buchhandlungen (z. B. Eymundsson) und gut sortierten Plattenläden (z. B. 12 Tónar).

Bewegungshungrige können den Tag alternativ mit dem Besuch eines der zahlreichen **Schwimmbäder** (s. S. 116) beginnen. Wer nicht so gerne schwimmt, setzt sich einfach in einen der heißen Töpfe, *Hotpots* genannt, und entspannt.

Nachmittags kann man sich ein schönes und informatives Museum gönnen, z. B. das Nationalmuseum Islands ⓰, das Johannes-Kjarval-Museum (s. S. 44) oder das Saga Museum (s. S. 45). Alternativ setzt man sich einfach eine Weile in ein **Café**, beobachtet die Leute und verabschiedet sich auf diese Weise von der Metropole nahe dem Polarkreis. Im Zentrum empfiehlt sich hierfür das Café Paris (s. S. 38), insbesondere aufgrund der Möglichkeit, auf der Terrasse am Platz Austurvöllur gegenüber dem Parlamentsgebäude ❸ zu sitzen. Sollte man sich bereits früher am Tag sowieso fürs Saga Museum entscheiden, kann man natürlich auch in der Perlan ⓲ eine Kaffeepause oder gar das Abendessen genießen.

Ein abschließendes Dinner zum Ende des letzten Tages muss sein, zum Beispiel im **Restaurant Dill**, das sich im sehenswerten Nordischen Haus ⓯ befindet. (War man vorher im Nationalmuseum, ist der Weg zum Nordischen Haus ein Katzensprung.) Da das Restaurant nicht sehr viele Plätze bietet, sollte man unbedingt reservieren!

ZUR RICHTIGEN ZEIT AM RICHTIGEN ORT

Reykjavík ist nicht nur im Sommer eine Reise wert, in Island birgt jede Jahreszeit Interessantes, Schönes und Spannendes. Die nicht untergehende Sonne im Sommer, das Nordlicht im Winter, jährlich wiederkehrenden Feste und kulturelle Höhepunkte – sie alle üben ihren Reiz aus.

> **EXTRATIPP**
>
> *Isländisches Jahrbuch und Mondkalender*
> Neben dem kirchlichen Kalender existierten in Island über Jahrhunderte hinweg ein isländisches Jahrbuch sowie ein Mondkalender. Dem **Jahrbuch** zufolge wurde das Jahr **in Winter und Sommer eingeteilt**, das Alter von Menschen und Tieren wurde in Wintern gezählt. Ein Datum gab man mit der soundsovielten Woche im Sommer oder Winter an, die Wochentage trugen die Namen der nordischen Götter.
>
> Der **Mondkalender** teilte das Jahr in 12 Monate (wie z. B. *Þorri* oder *Góa*) ein. Da die Monde sich immer etwas verschieben, ändern sich die Daten der Monate in jedem Jahr. In Buchhandlungen bekommt man jedoch noch immer ein aktuelles Jahrbuch mit allen entsprechenden Angaben.

JANUAR

› **6.1. Þrettándinn (Dreizehnter):** Der letzte Tag der Weihnachtszeit wird mit den Resten des Neujahrsfeuerwerks und großen Feuern, die die Weihnachtszeit symbolisch beenden, gefeiert. Man sagt, dass in dieser Nacht Elfen und Trolle auftauchen können, die die Menschen in ihre Welt locken wollen. Manche Kinder und Erwachsene verkleiden sich auch als Elfen und Trolle.
› **Herrentag (Bóndadagur):** Nach dem alten Kalender beginnt mit diesem Tag der Monat Þorri, der kälteste und härteste Wintermonat. Am Herrentag wird traditionell der Mann verwöhnt. Er ist der erste Teil des isländischen Valentinstags (zweiter Teil s. u. „Frauentag").
› **Þorrablót:** Während des kalten Wintermonats Þorri (Ende Januar–Ende Februar) kommen die Menschen mit Familie oder Freunden und Bekannten zusammen und genießen ein Þorrablót-Mahl. Ursprünglich war dies eine Opferfeier für den Gott Thor *(Þór).* Durch christliche Feiertage in den Hintergrund geraten, wurde das Fest Ende des 19. Jh. wieder zum Leben erweckt. Heute liegt der Schwerpunkt auf dem gemeinsamen Feiern, das Essen wird oft mit Geschichtenerzählen und Gesang abgeschlossen.

FEBRUAR

› **Dunkle Musiktage (Myrkir Músíkdagar):** Das Festival wird von der Vereinigung isländischer Komponisten in Zusammenarbeit mit bekannten Künstlern organisiert und umfasst eine breite Skala an Konzerten, vom Kammerkonzert über Lunchkonzerte bis hin zum Auftritt des Isländischen Symphonieorchesters (www.myrkir.is).

AUF INS VERGNÜGEN
Zur richtigen Zeit am richtigen Ort

KURZ & KNAPP

Þorrablót-Mahl – Schafshoden und verrottetes Haifleisch

Nicht nur für Touristen sind die diversen Speisen eines Þorrablót-Mahles nur schwer verdaulich, deshalb fließen an solchen Abenden auch enorme Mengen *Brennivín* (Schnaps) durch die Kehlen. Typische Gerichte sind: versengter Schafskopf inklusive Augen und Ohren *(svið)*, eingelegte Schafshoden *(Hrútspungur)*, Schwartenmagen *(Svinasulta)*, Trockenfisch *(Harðfiskur)*, Schweinsfett *(Lundabaggi)*, Blutwurst, teilweise auch sauer eingelegt *(Blóðmör)*, geräuchertes Lamm *(Hangikjöt)* und – für viele die größte Herausforderung – fermentierter Hai *(Hákarl)*. Dazu wird ein süßlich schmeckendes Roggenbrot *(Rugbrauð)* und eine Art Fladenbrot *(flatkökur)* gereicht.

› **Winterfestival (Vetrarhátíð):** Zwei Tage Mitte Februar voll kultureller Aktivitäten, um die dunklen Tage zu erhellen: Museumsnacht, Ausstellungen, Konzerte, Theatervorstellungen (teilweise auch im Freien, www.vetrarhatid.is).
› **Food and Fun:** Seit Jahren veranstaltet die Fluggesellschaft Icelandair Ende Februar dieses Festival der kulinarischen Höhepunkte. Eine Woche lang verwöhnen international bekannte Spitzenköche in Reykjavíker Toprestaurants die Gäste. Es wird zum Festival ein Drei-Gänge-Menü aus frischen, natürlichen und rein isländischen Zutaten angeboten (www.foodandfun.is).
› **Aschetag (Öskudagur):** Der Aschetag fällt zwar auf den Aschermittwoch, hat aber inhaltlich wenig mit diesem gemein, denn an diesem Tag findet der isländische Fasching statt. Die isländischen Kinder verkleiden sich und ziehen durch die Geschäfte, um Süßigkeiten zu bekommen, die sie sich mit dem Singen von Liedern verdienen müssen.

▲ *Augen zu und durch – nur für starke Mägen unter Mithilfe von Hochgeistigem verträglich*

AUF INS VERGNÜGEN
Zur richtigen Zeit am richtigen Ort

> **Frauentag (Konudagur):** Erster Tag des alten Monats *Góa* (Ende Februar) und der zweite Teil des isländischen Valentinstages. An diesem Tag werden die Frauen von ihren Partnern mit einem Geschenk, Blumen oder einer Torte verwöhnt.

MÄRZ

> **Icelandic Horse Festival:** Eine Woche rund um das Islandpony, u. a. mit Reitausflügen zu Züchtern. (www.icelandichorsefestival.is)

> **Ostern (Páskar):** Mit dem Gründonnerstag starten die Isländer in einen Kurzurlaub, Geschäfte, Banken, aber auch viele Restaurants sind dann geschlossen. Wichtigste Zutat an Ostern sind die Schokoladenostereier, die einen kleinen Zettel mit einem weisen Spruch enthalten.

APRIL

> **Blues Festival:** Gäste aus dem In- und Ausland, bekannte Größen sowie junge und aufstrebende Artisten sorgen für ein vielseitiges Bluesprogramm im Hilton Nordica Hotel (s. S. 120). Am Karfreitag findet traditionsgemäß ein Konzert mit Psalmen und Gospels in der Fríkirkjan statt (www.blues.is).

> **1. Sommertag (Sumardagurinn fyrsti):** Der erste Donnerstag nach dem 18. April ist ein Feiertag, mit dem der Beginn des Sommers gefeiert wird. Nach dem alten Kalender wird das Jahr in sechs Wintermonate und sechs Sommermonate unterteilt. Es heißt, dass man gutes Sommerwetter erwarten kann, wenn Winter und Sommer zusammenfrieren, es also nachts noch einmal Frost gibt. Gefeiert wird der Tag mit Straßenfesten und Paraden und man wünscht sich gegenseitig „Gleðileg sumar!" – einen fröhlichen Sommer.

MAI

> **1.5. – Tag der Arbeit:** Der Feiertag wird mit einer Parade in Reykjavik gefeiert.

> **Reykjavík Arts Festival (Listahátíð í Reykjavík):** Das seit 1970 stattfindende Festival gehört zu den bekanntesten in Nordeuropa. Zwei Wochen lang werden internationale und isländische Kulturveranstaltungen – Lesungen, Konzerte, Theater- und Tanzaufführungen und Ausstellungen – geboten (www.artfest.is).

> **Tage von Kópavogur:** Einwöchiges Kulturfestival zum Mitmachen oder Zuschauen für jedes Alter: Theater, Kunst, Musik, Sportveranstaltungen, Workshops. (www.kopavogsdagar.is).

EXTRATIPP

Auf Lachsfang in der Hauptstadt

Münchens Oberbürgermeister eröffnet mit dem Fassanstich das Oktoberfest – in Reykjavík eröffnet der/die Bürgermeister/-in die **Lachssaison** (Juni–Sept.) mit dem Fang des ersten Lachses im Elliðaár-Fluss, der durch Reykjavík fließt. Der Elliðaár ist einer der saubersten Lachsflüsse und der einzige Lachsfluss der Welt, der durch eine Hauptstadt führt. Das Flusstal ist ein besonders beliebtes Naherholungsgebiet der Stadt, das Jogger, Radler und Spaziergänger gerne zur Entspannung und Erholung nutzen. Die Angelsaison für Forellen beginnt bereits am 1. April. Es gibt also auch etwas zu angeln, wenn man früher dran ist. Informationen zu Angelmöglichkeiten und Angelscheinen für Lachs im Elliðaár-Fluss und Lachs, Forellen, Saibling in anderen Gebieten gibt es beim:

> **Reykjavík Angelklub** (Stangaveiðifélag Reykjavíkur), www.svfr.is, Tel. 5686050

AUF INS VERGNÜGEN
Zur richtigen Zeit am richtigen Ort

JUNI

› **Festival der See und Seemannstag (Sjómannadagur):** Am Seemannstag (1. Sonntag im Juni) und am Festival der See wird der Tatsache gedacht, wie wichtig das Meer und die Seeleute für die Entwicklung und die Geschichte des Landes waren und sind. Viele Schiffe liegen in den Häfen (die Seeleute haben an diesem Tag frei), verschiedene Wettkämpfe finden statt, die Rettungsbrigade führt eine Rettungsaktion im Hafen vor und die Besucher können die Schiffe einmal aus der Nähe betrachten.

› **17.6. – Nationalfeiertag:** 1944 wurde am Geburtstag Jón Sigurðssons in Þingvellir ㉒ die Republik Island ausgerufen, damit wurde die Herrschaft Dänemarks über die Insel offiziell beendet. Seither ist dies der Nationalfeiertag. Der Tag beginnt mit offiziellen Reden, einer Kranzlegung und einem Gottesdienst. In der Innenstadt finden Paraden, Musikaufführungen und Straßentheater statt, überall sieht man isländische Flaggen. Jeder ist auf den Beinen, insbesondere bei schönem Wetter.

› **Wikingermarkt in Hafnarfjörður:** Das Wikingerhotel Hafnarfjörðurs (nur wenige Kilometer von Reykjavík entfernt) veranstaltet jedes Jahr einen mehrtägigen Wikingermarkt mit Marktständen für Schmuck, Wikingerkleidung, typisches Handwerk und natürlich auch mit authentischen Speisen, Getränken und Musik zur Unterhaltung (www.fjorukrain.is).

› **Mittsommernacht:** Die Mittsommernacht (fällt astronomisch meist auf den 21.6., selten auch auf den 20.6.) spielt in Island im Gegensatz zu den skandinavischen Ländern keine so große Rolle, in den letzten Jahren ist das Interesse daran aber etwas gestiegen. Leute treffen sich im Privaten mit der Familie oder Freunden zum Feiern oder auch zu einer Mitternachtswanderung.

AUGUST

› **Kaufmannsfeiertag (Verslunarmannahelgi):** Am 1. Montag im August bleiben die Geschäfte geschlossen. Das lange Wochenende wird mit Musik und Open-Air-Festivals überall auf Island gefeiert.

› **Reykjavík Gay Pride:** Jedes Jahr lockt das Festival am zweiten Augustwochenende mehr Touristen nach Reykjavík. Höhepunkte sind der farbenfrohe und fröhliche Umzug vom Busbahnhof Hlemmur über die Laugavegur [D4] in das alte Stadtzentrum und das Freiluftkonzert am Arnarhóll-Hügel [D4] (www.gaypride.is).

› **Reykjavík Jazz Festival (Jazzhátíð Reykjavíkur):** Fünf Tage geben isländische und internationale Jazzgrößen Konzerte in der ganzen Stadt (www.reykjavikjazz.is).

› **Kulturnacht (Meningarnótt):** Jeder, der irgendwie irgendwas mit Kunst zu tun hat, ist an diesem Tag aktiv beteiligt (dritter oder vierter Samstag im August). Der Tag startet für die Sportlichen mit dem **Reykjavík Marathon** (*Marapón*, www.marathon.is), es kann auch ein halber Marathon oder eine kurze Strecke von 4,3 km gelaufen werden. Ab mittags scheint die ganze Stadt auf den Beinen zu sein und überall gibt es Straßentheater, Musik und Live-acts, Galerien und Künstlerwerkstätten sind geöffnet. Das alles ist teils geplant, teils entsteht dies ganz spontan durch Initiativen bekannter Künstler oder bisher noch nicht entdeckter Talente. Da es im August noch immer sehr lange hell bleibt, dauert die Feier bis in den frühen Morgen.

› **Tangofestival:** Ende August steht im Zeichen des Tangos: Workshops für unterschiedliche Niveaus mit Tanzlehrern aus Buenos Aires, Vorführungen und Milongas (www.tango.is).

▶ *Der Imagine Peace Tower auf Viðey ㉑ bietet ein gewaltiges, weithin sichtbares Schauspiel*

AUF INS VERGNÜGEN
Zur richtigen Zeit am richtigen Ort

SEPTEMBER

> **Reykjavík International Filmfestival:** In nur wenigen Jahren hat sich das knapp zwei Wochen dauernde Festival zu einem Geheimtipp für Filmfreunde gemausert. Gezeigt werden Filme aus der ganzen Welt, wobei man auch Gelegenheit hat, Premieren nordischer Filme zu erleben. Diskussionen, Lesungen, Konzerte, Meisterkurse und natürlich Preisverleihungen gehören mit zum Programm. Die Filme werden in Originalsprache mit englischen Untertiteln gezeigt (www.riff.is).

> **Internationales Literaturfestival:** Alle zwei Jahre stattfindendes Festival internationaler und nationaler Autoren mit öffentlichen Lesungen am Abend. Alle nicht auf Englisch gelesenen Texte werden über einen Projektor zum Mitlesen auf Englisch auf die Bühnenwand geworfen (www.bokmenntahatid.is).

> **Herdenabtrieb (Réttir):** Isländische Schafe und Pferde verbringen das ganze Jahr draußen im Freien, werden aber im Herbst zusammengetrieben und etwas näher an den Bauernhöfen untergebracht. Für den alljährlichen Herdenabtrieb wird die Hilfe von Familienmitgliedern und Freunden in Anspruch genommen und viele Isländer erinnert dies an ihre Jugendzeit. Falls man eine Einladung oder die Möglichkeit erhält, hierbei mitzumachen, erlebt man ein Stück authentisches Island.

OKTOBER

> **Imagine Peace Tower:** Auf der Insel Viðey ㉑ ist das Kunstwerk installiert, das Yoko Ono John Lennon gewidmet hat. Ein Wunschbrunnen, auf dem die Worte „Imagine Peace" in unterschiedlichen Sprachen eingraviert sind, erzeugt eine weithin sichtbare, kilometerhohe Lichtsäule, die von Lennons Geburtstag (9.10.) bis zu seinem Todestag (8.12.)

eingeschaltet ist. In dieser Zeit findet auch das Imagine Reykjavik Festival statt (www.imaginereykjavik.is). Die Leuchtsäule wird außerdem zur Wintersonnenwende, in der Silvesternacht, der ersten Frühlingswoche und zum Geburtstag Yoko Onos „befeuert".

› **Iceland Airwaves:** Am dritten Oktoberwochenende dominiert das Musikfestival mit Konzerten, Partys, Shows und Gigs in Plattenläden, Galerien und Bars die Innenstadt. Es gilt, neue Bands aus dem In- und Ausland zu entdecken, von denen einige später tatsächlich den Durchbruch schaffen, weshalb das Festival auch gerne von Vertretern der Musikbranche besucht wird (www.icelandairwaves.com).

NOVEMBER

› **Young Art Festival (Unglist):** Eine zehntägige Plattform für junge Künstler aller Art: Musik, Malerei, Design, Fashion, Theater und Fotografie (www.unglist.is).

› **Sequences Real Time Festival:** An vielen öffentlichen Orten der Innenstadt wird die Verbindung zwischen visuellen Künsten, Klang und Performance gesucht (www.sequences.is).

DEZEMBER

› **Gleðileg Jól! – Frohe Weihnachten!:** Die Vorfreude auf Weihnachten beginnt, wenn ab Ende November überall Weihnachtsbeleuchtung angebracht wird.

› **23.12. – Þorláksmessa:** Der Weihnachtsrummel nähert sich am 23.12. seinem Höhepunkt. An diesem Tag bleiben die Geschäfte extra lange geöffnet, damit wirklich jeder noch die nötigen Einkäufe schaffen kann. Traditionell wird fermentierter Rochen gegessen und weil die meisten Familien am nächsten Tag nicht in einer nach Ammoniak riechenden Wohnung Weihnachten feiern wollen, machen die Restaurants am Abend des 23. Dezembers besonders gute Geschäfte.

13 WEIHNACHTSMÄNNER UND DIE WEIHNACHTS-KATZE

Für Kinder wird es spannend, wenn ab dem 12. Dezember die 13 Weihnachtsmänner einer nach dem anderen nachts auftauchen. Die **Trollkinder** *tragen Namen wie „Kerzenschnorrer", „Türschläger", „Kochlöffellecker" oder „Fenstergaffer" und erschrecken die Leute in den Häusern. Es scheint aber, dass sich ihr Benehmen in den letzten Jahren gebessert hat, und so hoffen Kinder darauf, dass ihnen diese Jungs etwas Leckeres in die frisch geputzten Schuhe legen, die sie ans Fenster stellen. Wer allerdings nicht brav war, findet am nächsten Morgen statt der erhofften Süßigkeiten nur eine verschrumpelte Kartoffel vor. Ab dem 25.12. verschwinden die Weihnachtsmänner dann einer nach dem anderen, bis das Haus nach dem 6.1. wieder frei von Eindringlingen ist.*

Aber Achtung: Isländischen Volkserzählungen zufolge können alle von der Weihnachts-Katze geholt werden, die zu Weihnachten keine neue Kleidung tragen. Traditionell arbeiteten daher alle im Haushalt fleißig daran, dass alle an Weihnachten ein neues Kleidungsstück bekommen konnten. Auch heute noch gehört zu Weihnachten traditionell ein neues Kleidungsstück dazu.

AUF INS VERGNÜGEN
Reykjavík für Kauflustige

› **24.12.:** Weihnachten beginnt Punkt 18 Uhr, wenn die Glocken der Domkirche ❹ läuten und der Radiosprecher die Übertragung der Messe verkündigt. Für viele Familien beginnt der Abend mit einem gemeinsamen Essen, danach werden die Geschenke ausgepackt. Wer will, geht zur Spätmesse in die Kirche.

› **31.12. – Silvester (Gamlárskvöld):** Die Silvesterfeiern beginnen zu Hause, die Kabarettsendung im Fernsehen über das vergangene Jahr gehört zum Pflichtprogramm. Danach werden große Feuer, mit denen symbolisch das alte Jahr verbrannt wird, angesteckt. Um Mitternacht geht die Knallerei dann richtig los, wenn das alte Jahr mit riesigen Mengen Feuerwerk verabschiedet und das neue begrüßt wird.

GESETZLICHE FEIERTAGE

› **1.1.:** Neujahr
› Ostersonntag – *Páskadagur*
› Ostermonntag – *Annar í páskum*
› **1. Donnerstag nach dem 18. April:** Sommeranfang – *Sumardagurinn fyrsti*
› **1.5.:** Tag der Arbeit
› Christi Himmelfahrt – *Uppstigningardagur*
› Pfingstsonntag – *Hvítasunnudagur*
› Pfingstmontag – *Annar í hvítasunnu*
› **1. Sonntag im Juni:** Seemannstag – *Sjómannadagurinn*
› **17.6.:** Nationalfeiertag – *Lýðveldisdagurinn*
› **1.8.:** Kaufmannsfeiertag – *Verslunarmannahelgi*
› **24.12.:** Heiligabend (Geschäfte ab Mittag geschlossen)
› **25. und 26.12.:** 1. und 2. Weihnachtsfeiertag – *Jól*
› **31.12.:** Sylvester (Geschäfte ab Mittag geschlossen) – *Gamlárskvöld*

REYKJAVÍK FÜR KAUFLUSTIGE

Reykjavík ist die weltweit vielleicht kleinste Metropole, die diese Bezeichnung verdient. Und so ist sie geradezu ideal zum Shoppen zu Fuß geeignet – wenn das Wetter mitspielt. Hippe, Outdoor- und traditionelle Kleidung, cooles Design, urgemütliche Cafés und Kneipen (oftmals mit gratis WLAN-Internet), isländischer (Lava-) Schmuck, Uhren, Galerien usw. machen die Stadt zum nie langweiligen Einkaufsmekka.

EINKAUFSMEILEN

Die meisten Läden findet man ab dem Busbahnhof Hlemmur auf der **Laugavegur [D4]** in Richtung Westen. Ab hier kann man gemütlich die Straße hinunterschlendern oder im Zickzack zwischen den beiden Straßenseiten hin- und herwechseln. Glücklicherweise fahren die Autos auf dieser Straße besonders langsam, was vor allem an der besonderen Form des **Windowshoppings** liegt. Es hat sich hier so eingebürgert, ob das Wetter nun gut oder schaurig ist, dass man fast im Schritttempo durch die Laugavegur kriecht, um vom Auto aus die Schaufenster zu begutachten. Es kommt auch schon mal vor, dass das Auto vor einem kurz stehen bleibt, um die Schaufensterauslagen etwas genauer begutachten zu können. Findet man etwas Ansprechendes, sucht man sich spontan einen Parkplatz. Isländische Autofahrer lassen Fußgängern zudem immer ganz entspannt die Möglichkeit, die Straßenseite zu wechseln.

Die Laugavegur geht über in die **Bankastræti** und heißt nach der

AUF INS VERGNÜGEN
Reykjavík für Kauflustige

großen Kreuzung mit der Lækjargata [C4] (rechter Hand befindet sich das Regierungshaus, die Residenz des Premierministers) **Austurstræti**. Rechts ist außer einem kleinen Café ein Informationszentrum von Iceland Excursions, in dem man Ausflüge buchen sowie Broschüren und Informationen erhalten kann. Das Eckgebäude zur Linken ist vor ein paar Jahren abgebrannt und inzwischen in historischem Stil rekonstruiert worden, wodurch wieder eine Verbindung zu den anderen historischen Gebäuden dieses Viertels hergestellt wird.

Links davon an der Lækjargata sieht man das markante **Iða-Haus** (s. S. 26), das Buchladen, Café und Sushi-Bar beherbergt. Entlang der Austurstræti befinden sich weitere Ladengeschäfte. Überquert man den Platz Ingólfstorg am Ende der Austurstræti, stößt man auf die Touristeninformation (s. S. 108), in der es auch einen Schalter gibt, bei dem man seine Tax-Free-Formulare abgeben und das Geld zurückbekommen kann (s. S. 107). Hier, auf der **Aðalstræti** ❶, befindet man sich auf der ältesten Straße Reykjavíks.

Parallel zu Austurstræti, Bankastræti und Laugavegur verlaufen **Hafnarstræti** [C4] und **Hverfisgata** [D/E4]. Vor allem im ersten Stück der Hafnarstræti befinden sich Kneipen und Souvenirläden sowie der **bekannteste Pylsur-Stand der Stadt** (s. S. 34), der Jahr für Jahr als bester Stand ausgezeichnet wird. Weiter oben auf der Hverfisgata befinden sich Restaurants, ein Fahrradverleih sowie Museen und Galerien, Cafés und Kneipen und auch noch vereinzelte Geschäfte. Hier flaniert es sich allerdings nicht ganz so ansprechend wie auf der Laugavegur.

> **EXTRATIPP**
>
> *Tax-Free: 15 % Rabatt*
> Und immer daran denken: Island ist (noch) nicht in der EU. Kauft man pro Einkauf für einen Rechnungsbetrag von über 4000 ISK, sollte man unbedingt ein Tax-Free-Formular verlangen. Das spart beim Ausführen der Waren nochmal bis zu 15 % des Rechnungsbetrags (s. S. 107).

AUF INS VERGNÜGEN **21**
Reykjavík für Kauflustige

EXTRAINFO

Auf Durchzug
Man sollte sich übrigens nicht wundern, wenn ein scheinbar verlassener Kinderwagen mit schlafendem Baby auf dem Gehweg steht. Auf dass auch die Kleinen richtige Wikinger werden, lassen ihre Eltern die Kinder draußen bei Wind und Wetter weiterschlafen, während sie ihre Einkäufe tätigen.

Manchmal lohnt sich die Mühe, von der Laugavegur aus auch in die abgehenden Straßen abzuweigen und zu schauen, ob sich dort vielleicht ein ansprechender Laden eingerichtet hat, vor allem in den Querstraßen zum Meer hin. Eine richtig schöne Einkaufsstraße ist auf jeden Fall die von der Laugavegur abgehende **Skolavörðurstígur** [D4/5], die hoch bis zur Hallgrímskirkja ⓮ führt.

EINKAUFSTIPPS

Der Schwerpunkt unserer Tipps liegt auf dem Besonderen, dem **typisch Isländischen**, sowohl in moderner als auch klassischer Variation. Die meisten Designer erschaffen ihre kreativen Entwürfe aus der **Auseinandersetzung mit der isländischen Natur** und Landschaft, mit deren Formen und Farben, heraus. Einen guten ersten Überblick über das breit gefächerte Angebot isländischer Designer bietet:

🛍 **2** [B4] **Kraum**, Aðalstræti 10, Tel. 5177797, www.kraum.is. Das schöne Designparadies bietet einen guten ersten Überblick über alles, was isländische Designer/-innen aktuell sowohl an Kleidung, Schuhen und Accessoires als auch an Kunsthandwerk zu bieten haben.

Wenn man schon mal in dieser Ecke der Innenstadt ist, hier gleich noch zwei unserer Lieblingsläden:

🛍 **3** [B3] **Kirsuberjatréð**, Vesturgata 4, Tel. 5628990, www.kirs.is. Auch hier bekommt man einen guten Überblick über die Bandbreite aktuellen isländischen Designs. Zehn Designerinnen zeigen in diesem Laden ihre Kreationen. Von Fischledertaschen über Textil, Glas, Keramik, Design-Christbaumkugeln und sogar Radieschenpapierschalen wird hier hochwertiges Design angeboten.

🛍 **4** [B3] **Kogga**, Vesturgata 5, Tel. 5526036, www.kogga.is. Ein Close-up der zerbrechlichen, vom Wind zerklüfteten isländischen Natur ist die Inspirationsquelle der wahrhaft bewegenden und schönen Tonobjekte Kolbrún Björgólfsdóttirs. Ihre Werke zieren u. a. Museumskollektionen und Königshäuser.

Einkaufszentren

Mag man es lieber überdacht, weil das Wetter mal wieder nicht mitspielt, kann man zum Shoppen auch ins **Kringlan** fahren, ein großes überdachtes Einkaufszentrum innerhalb der Stadtgrenzen (mit Buslinien 1, 2, 3, 4 und 6 gut zu erreichen). Das größte Shoppingcenter Islands, **Smáralind**, befindet sich in Kópavogur südlich der Hauptstadt und ist mit Auto und Buslinie 2 von Reykjavík und den Linien 24 und 28 von Kópavogur aus erreichbar. In beiden Shoppingmalls gibt es auch Kinos. (Filme werden in Island nicht synchronisiert, sondern lediglich untertitelt.)

🛍 **5** [I8] **Kringlan**, Kringlan 4–6, Mo.–Mi. 10–18.30, Do. 10–21, Fr. 10–19, Sa. 10–18, So. 13–17 Uhr

◀ *Hält die Nation noch immer unschlagbar warm und trocken: isländische Schafswolle*

Reykjavík für Kauflustige

- **6** [J15] **Smáralind,** Hagasmára 1, 201 Kópgavogur, Mo.–Fr. 11–19, Do. 11–21, Sa. 11–18, So. 13–18 Uhr
- **7** [L8] **Skeifan.** Das große Einkaufsgebiet außerhalb der Innenstadt Reykjaviks (Postleitzahl 108) ist mit Auto und Bus gut erreichbar. Hier ist u. a. in Faxafen 12 auch das Outletcenter von North 66° (s. u.) zu finden.

> **EXTRATIPP**
> An der Rückseite des North-66°-Ladens im Einkaufsgebiet Skeifan befindet sich das **Outlet-Center von North 66°**. Hier gibt es Ware vom vorigen Jahr zu oftmals angenehm günstigeren Preisen!

Outdoorkleidung

Es gibt vier größere isländische Outdoormarken, die alle das **Drei-Lagen-System** handhaben: warme Unterwäsche, Mittelschicht und Außenschicht. So kann man sich nach dem Zwiebelschalenprinzip ständig der aktuellen Wetterlage anpassen. Alle Firmen produzieren hochqualitative Kleidung.

- **8** [C4] **Cintamani,** Bankastræti 7. 2011 neu eröffneter, großer Laden in der alten Innenstadt. Frische Farben für die verschiedenen Lagen der Outdoorbekleidung.
- **9** [C4] **Icewear,** Þingholtsstræti 2–4, Tel. 5619619, www.icewear.is. Outdoorkleidung und Strickwaren, die sich an norwegischen Mustern orientieren.
- **10** [C4] **North 66° (Norður 66°),** Bankastræti 5, Tel. 5356680, www.66north.com. Die international verbreitetste Marke. Es gibt außerdem noch einen kleineren Laden im Einkaufszentrum Kringlan (s. S. 21) und einen größeren im Einkaufsgebiet Skeifan (s. S. 22).
- **11** [D4] **Zo-on,** Bankastræti 10, Tel. 5271050, www.zo-on.is. Eine weitere Filiale befindet sich im Kringlan-Zentrum (s. S. 21). Zweimal im Jahr, im Januar und September (Anzeigen in der Tageszeitung Fréttablaðið), findet im Stammhaus ein sehr günstiger Lagerausverkauf statt. Dann muss man sich allerdings in die Nýbýlavegur 18, 200 Kópavogur aufmachen (10 Gehminuten vom Busbahnhof Hamraborg).

Traditionelle Wollkleidung

Das isländische Schaf wird seit über 1000 Jahren mit keiner anderen Rasse gekreuzt, dadurch ist auch **seine Wolle einzigartig.** Die wichtigsten Eigenschaften: Die Wolle ist relativ leicht, hält ungemein warm, ist sehr wasserabstoßend, aber gleichzeitig atmungsaktiv.

Natürlich gibt es Islandpullis und andere Produkte aus isländischer Schafswolle in jedem Souvenirshop und anderen Läden. **Direkt vom jeweiligen Hersteller** kauft man aber bei:

- **12** [H5] **Álafoss,** Laugavegur 8, Tel. 5626303, www.alafoss.is. Traditionelle Wollprodukte (Kleidung, Decken), Wolle zum Stricken, Schafsleder, Souvenirs. Das Factory-Outlet von Álafoss (größere Auswahl) befindet sich in Mosfellsbær, das nordöstlich an Reykjavík angrenzt (Álafossvegur 23, Mosfellsbær, Tel. 5666303). Álafoss besteht seit 1896.
- **13** [C1] **Farmers Market,** Eyjarslóð 9, Tel. 5521960, www.farmersmarket.is. Bergþóra Guðnadóttir war früher Designerin bei North 66°, jetzt verbindet sie traditionelle Lammwolle mit modernen Textilien. Die Straße Eyarslóð liegt etwas außerhalb im Hafengebiet der Stadt, glücklicherweise gibts Produkte der Marke aber auch in mehreren Läden im Zentrum zu kaufen, u. a. bei:
- **14** [D4] **Kisan,** Laugavegur 7, Tel. 5616262, www.kisan.is. Interessanter Laden mit breit gefächertem Designsortiment.

AUF INS VERGNÜGEN 23
Reykjavík für Kauflustige

🔒 **15** [D4] **The Handknitting Association of Iceland**, Skólavörðustígur 19 und
🔒 **16** [E5] **The Handknitting Association of Iceland**, Laugavegur 64, Tel. 5521890, www.handknit.is. Hierbei handelt es sich um einen Zusammenschluss von etwa 250 Strickern und Strickerinnen, die ihre Produkte direkt vermarkten wollten. Vor allem im erstgenannten Laden ist das Angebot reichhaltig: typische Islandpullis, Westen, Schals, Handschuhe, Socken, Wolldecken und Wolle zum Stricken oder Filzen.

▲ *Warme Schuheinlage auch für Sommerschuhe – so können Isländerinnen an kalten Tagen statt Stiefeln elegante Schuhe tragen*

Isländische Designermode und Accessoires

Island kann eine **unglaubliche Dichte an Designern** vorweisen. Manche von ihnen hatten bereits ihren internationalen Durchbruch, andere gelten (noch) als Geheimtipp. Die Wahrscheinlichkeit, dass diese isländische Mode bei uns in Mitteleuropa in ein bis zwei Jahren ebenfalls angesagt ist, ist nicht so gering. Die Fähigkeit der Isländer, sich schnell an Situationen anzupassen, zeigt sich hier in fast unbändigem, sich **ständig neu erfindendem Modebewusstsein**.

🔒 **17** [D4] **Andersen & Lauth**, Laugavegur 7, Tel. 5516811, www.andersenlauth.com. Isländisches Design für Damen und endlich auch einmal für Herren! Vintage Store: Laugavegur 94, Tel. 5526067.

› **Ásta.** Die Kreationen der Modedesignerin Ásta Vilhelmína Guðmundsdóttir sind erhältlich bei Kraum (s. S. 21). Ihre Kollektionen (meist aus isländischer Wolle) sind von der isländischen Landschaft mit ihren verwitterten Farben und rauen Formen inspiriert.Da das meiste Handarbeit ist, auch die Färbung der Wolle, handelt es sich ausschließlich um Einzelstücke.

🔒 **18** [G5] **Atson**, Laugavegur 82, Tel. 5610060, www.atson.is. Bereits Edda Hrönn Atladóttirs Vater stellte Lederwaren aus Fischhaut her. Diese ist recht

▲ *Steinunn (s. S. 24) gilt als die international erfolgreichste isländische Designerin*

▲ *Stark und hipp: Accessoires aus Fischleder*

Reykjavík für Kauflustige

dünn, aber widerstandsfähig. Seit einigen Jahren erobern Fischhautentwürfe die Designerboutiquen. Eine kleine Auswahl gibt es bei Kraum (s. S. 21), aber größer ist diese im Hauptgeschäft auf der Laugavegur. Hier findet man Geldbeutel, Schlüsselanhänger, Kalender, Mappen, Taschen und Gürtel, die faszinierend gestaltet und qualitativ hochwertig und innovativ verarbeitet sind.

🔒19 [D4] **Birna,** Skólavörðustígur 2, Tel. 4452020, www.birna.net. Die Modedesignerin Birna Karen Einarsdóttir lebt in Kopenhagen, hat aber auch im Zentrum Reykjavíks eine eigene Boutique.

🔒20 [D4] **ELM,** Laugavegur 1, Tel. 5110991, www.elm.is. Mode, mit vielen überraschenden Details und gut sitzenden Schnitten herstellt. Die Kleidungsstücke werden von Reykjavík aus in Shops auf der ganzen Welt verkauft.

🔒21 [B3] **Gaga,** Vesturgata 4, Tel. 5622707, www.gaga.is. Ausgefallene Kleidung und Accessoires vor allem aus Wolle, Seide und Leinen.

🔒22 [C4] **GuSt,** Bankastræti 11, Tel. 5517151, www.gust.is. Die Modedesignerin Guðrún Kristín Sveinbjörnsdóttir studierte in Reykjavík und Stuttgart. Sie entwirft seit 1997 selbstständig nicht nur Kleidungsstücke, sondern auch Accessoires u. a. aus Fischhaut.

🔒23 [D4] **Hanna,** Laugavegur 20B, Tel. 5515070, www.hanna.is. Hervorzuheben ist hier der in Baumwolle eingebrachte Filz isländischer Wolle.

🔒24 [D4] **Húfur sem hlæja,** Skólavörðustígur 18, www.hufursemhlaeja.is, Tel. 5526466. Fröhliche Mützen, Schals, Handschuhe und Jacken aus Wolle.

🔒25 [D4] **Huld,** Skólavörðustígur 4, Tel. 5517015, www.huld.is. Taschen, Geldbeutel und Accessoires aus Fischleder.

🔒26 [D4] **Nostrum,** Skólavörðustígur 1A, Tel. 5345286, www.nostrum.is. Drei Designerinnen haben in Nostrum ihre Kräfte gebündelt.

🔒27 [D4] **Rósa,** Skólavörðustígur 10, Tel. 5346489, www.rosadesign.is. Rósa Helgadóttir verwendet beim Design und der Herstellung ihrer Kleider auch gerne Vintage-Textilien. Außerdem findet man hier moderne langärmelige Design-T-Shirts.

🔒28 [D4] **Spaksmannsspjarir,** Bankastræti 11, www.spaksmannsspjarir.is, Tel. 5512090. Ideenreiche Entwürfe in hochwertiger Verarbeitung für Frauen, die etwas passend zum isländischen Klima suchen.

🔒29 [E5] **Steinunn,** Laugavegur 59 (1. OG), Tel. 5886649, www.steinunn.com, 13–18 Uhr (sicherheitshalber anrufen). Steinunn Sigurðardóttir ist die ungekrönte Königin der isländischen Modedesigner. Bevor sie im Jahr 2000 ihre eigene Marke gründete, hat sie für Häuser wie Polo/Ralph Lauren, Donna Karen, Banana Republic, Gucci, Calvin Klein und La Perla gearbeitet.

◀ *Die isländische Natur in Mode umgesetzt – tragbare Kreationen der Designerin Ásta (s. S. 23)*

Junge Designer

- **30** [D4] **Einvera,** Laugavegur 35, Tel. 8679519, www.einvera.is. Junge, sexy Mode, Vintage und neu.
- **31** [D4] **Forynja,** Laugavegur 12, www.dontbenaked.com. Ausdrucksstarke Prints auf Kleidern, Shirts, Leggings und Bettwäsche.
- **32** [C4] **Júniform,** Ingólfsstræti 8, Tel. 5348995, www.juniform.net. Birta Björnsdóttir produziert Einzelstücke für unabhängige, selbstbewusste Frauen.
- **33** [D4] **Kiosk,** Laugavegur 33 (1. OG), http://kioskstore.blogspot.com. Neun junge Designer zeigen hier ein stilistisch breit gefächertes Angebot.
- **34** [E4] **Mundi,** Laugavegur 37, Tel. 5629300, www.mundivondi.net. Eigensinnige Strick-Kreationen des Designers und Künstlers Mundi Vondi.
- **35** [D4] **The Collective of young Designers,** Laugavegur 21 (Kellergeschoss). Etwa zehn Designer stellen hier Kleidung und Accessoires vor.

Schmuck

Zwei Umstände machen isländischen Schmuck einzigartig: Zum einen die **schwarze Lava,** die entweder zu Perlen verarbeitet oder mit Edelmetallen und Edelsteinen kombiniert wird, und zum anderen die noch immer **lebendige Tradition der Wikinger** mit ihren speziellen Formen und Verzierungen, ihren Statuen, Abbildungen und ihrer Handwerkskunst.

- **36** [C4] **Aurum,** Bankastræti 4, Tel. 5512770, www.aurum.is. Aus Edelmetallen kreierte, filigrane, ineinanderfließende Blumen- und Blättermotive verleihen den Schmuckstücken eine klare wie auch feminine Form. Das Juweliergeschäft wurde inzwischen um eine Designabteilung erweitert.
- **37** [E4] **Elísabet Ásberg,** Hverfisgata 52, Tel. 5523269, www.asberg-design.com. Elísabet Ásberg entwirft neben Schmuck und Accessoires auch erfolgreich Wandschmuck und Skulpturen für Innenräume.
- **38** [D4] **Eureka-Art,** Laugavegur 8, Tel. 5345956, www.eureka.is. In diesem kleinen Laden findet man auch Runenanhänger und anderen Wikingerschmuck.
- **39** [E4] **Guðbrandur Jósef Jezorski,** Laugavegur 48, Tel. 5523485. Der Schmuckdesigner entwirft zusammen mit seiner Tochter Tina ausschließlich Einzelstücke.
- **40** [D4] **Gullkúnst Helgu,** Laugavegur 13, Tel. 5616660, www.gullkunst.is. Gold-, Silber- und Lavaschmuck in ungewöhnlichen Formen und großer Vielfalt.
- **41** [D4] **GÞ Skartgripir & úr,** Bankastræti 12, Tel. 5514007. Eher Massenware, aber mit alten Wikingermotiven und Runen versehen.
- **42** [E4] **Jón & Óskar,** Laugavegur 61, Tel. 5524910, www.jonogoskar.is. Kommt man am Anfang seiner Reise ins Hauptgeschäft von Jón Sigurjónsson (Goldschmied) und Óskar Óskarsson (Uhrmachermeister), dann kann man sich Schmuckstücke auch nach Maß und nach eigenen Wünschen anfertigen lassen. Große Auswahl u. a. an Lavaschmuck.
- **43** [D4] **Mariella,** Skólavörðustígur 12, Tel. 5614500. In den Unikaten verbindet die Designerin Lavasteine mit Edelmetallen, Edelsteinen, Glasperlen und Pferdehaar. Teilweise wirken die Entwürfe aufgrund der filigranen Verarbeitung fast zerbrechlich. Bekannt ist die Schmuckdesignerin für ihren Ring, der sich auch zum Kunstobjekt formen und aufstellen lässt.

Buchhandlungen

In der Innenstadt gibt es drei Buchhandlungen **mit internationaler Presse und Zeitschriften** sowie englisch- und deutschsprachigen Büchern (vor

AUF INS VERGNÜGEN
Reykjavík für Kauflustige

allem isländischer Autoren). Wer sich näher für das Land interessiert, findet in der entsprechenden Abteilung einige informative und illustrierte Bücher. Außerdem findet man dort CDs und DVDs, insbesondere isländischer Künstler, und kleinere Souvenirs. Die genannten Buchhandlungen haben ein Café, in dem man Zeitschriften lesen oder bei einem Latte macchiato im Internet surfen kann. Außerdem gibt es auch Büroartikel.

Die Buchläden und Cafés haben Mo.–Fr. 9–22 Uhr und Sa./So. 10–22 Uhr geöffnet.

🔒**44** [C4] **Eymundsson,** Austurstræti 18, Tel. 5402130, www.eymundsson.is. Zu der Buchhandlung gehört ein helles Café (So. 13–22 Uhr) mit einer großen Dachterrasse, die mit den ersten halbwegs warmen Sonnenstrahlen geöffnet wird. WLAN-Hotspot.

🔒**45** [D4] **Eymundsson,** Skólavörðustígur 11, Tel. 5402350. Die Buchhandlung ist zugleich ein beliebter Treffpunkt, weshalb die Caféplätze oft voll besetzt sind. WLAN-Hotspot.

🔒**46** [D4] **Mál og Menning,** Laugavegur 18, Tel. 5152500. Das Geschäft bietet eine große Auswahl und in der oberen Etage ein **gemütliches Café,** in dem man gratis im Internet surfen kann. Viele Einheimische nutzen die Gelegenheit, um aus dem Zeitschriftenregal ein paar Magazine mitzunehmen und sie dann gemütlich bei einem Latte macchiato durchzublättern. In beiden Buchhandlungen gibt es im Untergeschoss praktischerweise auch eine kleine Büroartikelabteilung. WLAN-Hotspot.

🔒**47** [C4] **Iða,** im Iða-Haus, Lækjargata 2, Tel. 5515001. Kleinere Auswahl an Büchern, größtenteils auf Touristen abgestimmt. In der oberen Etage befindet sich das Café Súfistinn (s. S. 38) mit leckeren Torten und eine **Running-Sushi-Bar,** in der die Speisen über ein Laufband angeboten werden. Am besten kommt man an Tagen, an denen viel los ist, denn dann stehen die Speisen nicht allzu lange auf dem Band. Die Farbe des Tellers bestimmt den Preis (www.osushi.is).

CDs und DVDs

🔒**48** [D4] **12 Tónar,** Skólavörðustígur 15, Tel. 5115656, www.12tonar.is. Unser Favorit ist dieser urgemütliche Plattenladen mit Oma-Sofa, auf dem man gemütlich sitzen und sich bei einer Tasse frisch gebrühtem Kaffee alle Zeit lassen kann, um in die CDs reinzuhören. Eingeschweißte CDs darf man ohne Nachfrage öffnen. Lárus, Jóhannes und ihre Mitarbeiter sind allesamt passionierte Musikliebhaber, die sich gerne die Zeit für ein Schwätzchen nehmen und Unkundigere durch den Wald der vielen Bäume von Klassik über Jazz (große und gute Auswahl auch in diesen Sparten) bis hin zur neuesten isländischen Musikszene leiten. 12 Tónar produziert auch unter einem eigenen Label jede Menge isländischer Interpreten und hat schon manch großes Talent hervorgebracht.

🔒**49** [F5] **Lucky Records,** Hverfisgata 82, Tel. 5511195. Viel Vinyl (neu und gebraucht), ansonsten gebrauchte CDs und DVDs.

◀ *Das Leben genießen in der Buchhandlung Mál og Menning*

AUF INS VERGNÜGEN
Reykjavík für Kauflustige

> **EXTRATIPP**
>
> **Untertitel helfen weiter**
> Interessiert man sich für isländische Filme, sollte man darauf achten, dass bei den Untertiteln *Enskur texti* (mit englischen Untertiteln), *Textar: Enska* (Untertitel: Englisch) oder sogar *Þýska* (Deutsch) steht. In isländischen Kinos und im Fernsehen werden Filme nicht synchronisiert, sondern untertitelt.

▲50 [E4] **Skífan,** Laugavegur 44, Tel. 5915300, www.skifan.is. Das Geschäft bietet eine gute Auswahl an CDs und (isländischen) DVDs, die aktuell im In- und Ausland in den Charts zu finden sind.

▲51 [D4] **Smekkleysa Plötubúð,** Laugavegur 35, www.smekkleysa.net, Tel. 5513730. Auch hier gibt es ein Sofa zum Abhängen und Reinhören und sogar einen Plattenspieler. Kleine, aber gute Auswahl verschiedener Musikrichtungen. Es werden auch DVDs angeboten.

Souvenirläden

Läden für Souvenirs gibt es in Reykjavík viele, sie verkaufen Islandpullis, Mützen, Handschuhe, Schals, Decken, isländische Outdoorkleidung, Kunsthandwerk, Blue-Lagoon-Pflegeprodukte, Lamm- und Seehundfelle, Island-Schlüsselanhänger ... Manche von ihnen sind sogar recht liebevoll und übersichtlich eingerichtet. Die größte Konzentration an Souvenirläden hat sich direkt gegenüber der Touristeninformation in der Aðalstræti gebildet. Die Preise liegen meist nicht weit auseinander, da die einzelnen Läden jedoch nicht weit voneinander entfernt liegen, lohnt sich im Einzelfall ein Preisvergleich.

▲52 [D4] **Geysir,** Skólavörðustígur 16, Tel. 5556310, www.geysirshops.is. Schön gestalteter, großer Laden, der vor allem Kleidung anbietet. (Ein Ableger des Souvenirladens beim Geysir ㉓.)

▲53 [C4] **Iceland Giftstore Rammagerðin,** Hafnarstræti 19, Tel. 5511122, www.icelandgiftstore.is. Großer Laden mit umfassendem Angebot.

▲54 [D4] **Kulusuk Art,** Laugavegur 15, Tel. 5511080. Führt (Handwerks-)Kunst aus Kulusuk (Grönland). Wer noch nach Grönland weiterfliegt: Dort sind die Sachen billiger.

Diverses

▲55 [E4] **Herrafataverzlun Kormáks & Skjaldar,** Laugavegur 59 (Kellergeschoss), Tel. 5111817. Hier findet man alles, was man braucht, um sich wie ein englischer Gentleman zu kleiden. Außerdem öffnet hier zeitweise ein authentischer Barber's Shop, wo man neben einem Haarschnitt auch eine Nassrasur bekommen kann.

▲ *Im Plattenladen 12 Tónar kann man sich Zeit lassen beim Durchforsten der lebendigen isländischen Musiklandschaft*

Reykjavík für Kauflustige

🛍**56** [E5] **JS Watch Co.** Laugavegur 62, Tel. 5514100, www.jswatch.com. Den Uhrenladen von Gilbert O. Guðjónsson gibt es bereits seit den 1960er-Jahren. Seit sein Sohn Sigurður Björn Gilbertsson, der selbst Uhrmacher ist, mit in das Geschäft einstieg, entwerfen und bauen sie seit 2005 gemeinsam Uhren, die sie ausschließlich in ihrem eigenen Geschäft auf der Laugavegur verkaufen – und das mit wachsendem Erfolg und internationaler Anerkennung. Ihre Uhren fertigen sie nur aus bestem Material: deutsche Gehäuse, Zeiger und Ziffernblätter und Schweizer ETA-Uhrwerke, die auch in all den viel teureren Uhren der großen, bekannten Marken zu finden sind. Die Preise beginnen ab 150.000 ISK, da lohnt es sich, wenn man den Tax-Free-Rabatt von 15 % noch abziehen kann. Aber auch wenn man nur einmal im Laden vorbeischauen möchte, kann ein kleiner Plausch mit Gilbert (auf Englisch möglich) richtig Spaß machen.

🛍**57** [E5] **Village,** Laugavegur 70, Tel. 5340312, www.village.is. Skandinavische Designerstücke sowie Miche Taschen, bei denen man nur die Außenhaut tauscht, sich aber das lästige Umräumen sparen kann.

Supermärkte

Verschiedene Supermarktketten haben Filialen in der Innenstadt und den Einkaufszentren:

🛍**58** [C4] **10/11,** Austurstræti 17, www.10-11.is. Deutlich teurer als Bonus, oft auch nur kleinere Läden mit eingeschränktem Angebot. Dafür aber nicht nur für Vergessliche und solche, die nachts noch einen Snack brauchen, das ganze Jahr über 24 Stunden am Tag geöffnet. Weitere Filiale im Zentrum:

🛍**59** [E4] **10/11,** Barónsstígur 2–4

🛍**60** [E4] **Bonus,** Laugavegur 59, Mo.–Do. 12–18.30 Uhr, Fr. 10–19.30 Uhr, Sa. 10–18 Uhr, So. 12–18 Uhr, www.bonus.is. Bonus ist tendenziell die billigste Supermarktkette. Lammlende ist dort bezahlbar und gut (wenig Fett). Im Zentrum befindet sich außer dem Bonus in der Laugavegur eine weitere Filiale:

🛍**61** [C4] **Bonus,** Hallveigarstígur 1. Es gibt weitere Filialen in Skeifan (s. S. 22), einem Einkaufsgebiet außerhalb des Zentrums, Kringlan (s. S. 21) und Smáralind (s. S. 22).

› **Hagkaup,** www.hagkaup.is, Mo.–Sa. 10–20 Uhr (Kringlan Do. bis 21 Uhr, Smáralind Fr. bis 21 Uhr und So. 12–20 Uhr, Skeifan täglich rund um die Uhr). Hagkaup betreibt keine Filialen im Zentrum, aber in den großen Shoppingmalls Skeifan, Kringlan und Smáralind (s. S. 22). Es gibt hier mehr frische Waren und Bio-Produkte als in den Bonus-Märkten, es ist aber etwas teurer.

🛍**62** [B2] **Kronan,** Fiskislóð 15–21, www.kronan.is, tgl. 10–19 Uhr. Hier findet man ein großes Angebot an Obst und Gemüse.

🛍**63** [B4] **Kvósin,** Aðalstræti 6–8, Tel. 5344300, Supermarkt tgl. 8–23, Bäckerei tägl. 8–18 Uhr. Der auf Touristen ausgerichtete Supermarkt liegt preislich zwischen Bónus und 10/11 und bietet in der Bäckerei einfache Sitzgelegenheiten.

Bioläden

Drei Bioläden in der Innenstadt verkaufen auch **gluten- und laktosefreie Nahrungsmittel**. Auch in den Supermärkten findet man Bioprodukte, vor allem die großen Hagkaup-Märkte (s. S. 28) außerhalb der Innenstadt führen ein recht reichhaltiges Angebot.

- **64** [E5] **Heilsubúðin**, Njálsgata 1, Tel. 5615250, www.godheilsa.is. Keine offene Frischware.
- **65** [D4] **Heilsuhúsið**, Laugavegur 20b (Ecke Klapparstígur), Tel. 5522966, www.heilsuhusid.is. Heilsuhúsið-Filialen finden sich auch in den Einkaufszentren Kringlan und Smáralind (s. S. 21).
- **66** [F5] **Yggdrasill**, Rauðarárstígur 10, Tel. 5624082, www.yggdrasill.is. Ein großer Laden, der auch einiges an frischen Waren anbietet.

REYKJAVÍK FÜR GENIESSER

ESSEN UND TRINKEN

Essen gehen ist in Island überhaupt erst seit den 1970er-Jahren möglich. Davor gab es auf der armen Insel von Fischern und Bauern schlicht noch keine Restaurants. Das hat sich aber inzwischen stark geändert und nicht nur während des internationalen Festivals Food & Fun (s. S. 14) gibt es in Reykjavík eine geschmackvolle und qualitativ sehr ansprechende Küche.

Traditionell wird in Island **abends warm gegessen**. Mittags nimmt man eher kleinere Speisen zu sich, weshalb viele Restaurants auch erst gegen Abend öffnen. Die meisten Reykjavíker Restaurants sind recht klein, deshalb empfiehlt sich eine **Reservierung**.

Da sehr vieles nach Island importiert werden muss, ist ein **Restaurantbesuch keine billige Angelegenheit**. Die Preise auf der Speisekarte waren bisher zumeist astronomisch. Seit der Finanzkrise sind in den meisten Gaststätten die Preise umgerechnet in Euro oder Franken allerdings gesunken, sodass man den Besuch eines Restaurants tatsächlich genießen kann.

Das **Gaststättengewerbe** hat in den letzten Jahren **vom Boom der Wirtschaft profitiert**. Gut ausgebildete Köche eröffneten Restaurants, die Küche auf höchstem Niveau bieten konnten. Eine **moderne, leichte Küche**, die die besten Eigenschaften verschiedener Länder auf kreative Weise vereinigt.

Seit Beginn der Krise geht der Trend verstärkt dahin, noch mehr **einheimische Produkte** wie Lamm, Rindfleisch, Fisch, Meeresfrüchte und Skyr (s. S. 34) zu verwenden. Diese Produkte sind sehr frisch und oft weit weniger mit Schadstoffen belastet als in Europa, was dem Geschmack und der Qualität der Speisen zugute kommt. Sehr oft macht man in Restaurants die besten kulinarischen Erfahrungen, wenn man sich auf lokale Produkte konzentriert, sich also beispielsweise bei der Vorspeise für den Lachs anstatt des Parmaschinkens entscheidet.

Viele Restaurants bieten neben der regulären Karte ein **mehrgängiges Menü für einen ganzen Tisch** an. Der Preis hierfür ist meist weitaus günstiger als einzeln gewählte Speisen, sodass auch teure Restaurants auf einem akzeptablen Preisniveau liegen.

◀ *Die Jungs von JS Watch Co. produzierten u. a. für Quentin Tarantino*

AUF INS VERGNÜGEN
Reykjavík für Genießer

Wein zu trinken hat in Island nur eine sehr kurze Tradition und ist daher nicht vergleichbar mit der Weinkultur mittel- oder südeuropäischer Länder. Gute Lokale bieten zwar oft eine ausführliche Weinkarte, das Fach des Sommeliers ist aber noch nicht sehr verbreitet, weshalb es auch in teuren Lokalen noch vorkommt, dass ein Wein nicht die richtige Temperatur hat. (Isländer haben eine Vorliebe dafür, alles im Kühlschrank aufzubewahren, auch wenn es dort nicht hingehört.) **Wasser** wird überall gratis serviert, auch wenn man nichts anderes trinken möchte.

An traditionellen Feiertagen wie Weihnachten oder Ostern kann es passieren, dass sehr viele Restaurants geschlossen sind. Die wenigen, die dann geöffnet sind, verlangen dann so etwas wie einen „Weil-wir-heute-doch-arbeiten-Zuschlag". Das gesamte **Gaststättengewerbe ist rauchfrei**. Raucher werden vor die Tür oder auf die Terrasse verbannt. **Trinkgelder** sind in Island nicht üblich.

> **EXTRAINFO**
>
> *Alkohol*
>
> Alkohol war lange Zeit in Island verboten, erst 1989 wurde der Verkauf von Bier legalisiert. Noch immer darf Alkohol **ausschließlich in speziellen Staatsläden verkauft** werden und die Preise sind recht hoch. Wenn man sich am Wochenende ins Nachtleben stürzt, bekommt man aber schnell den Eindruck, als ob die meisten Isländer kein Maß kennen, wenn es ums Trinken geht. Oder wie es ein Freund einmal formulierte: „Früher war Alkohol verboten. Wenn man also Alkohol schmuggelte oder selbst brannte, dann versuchte man möglichst viel Alkohol in eine Flasche zu kriegen. Wir sind eigentlich erst dabei zu lernen, wie man Wein trinkt, weil man den Geschmack genießt." Das **Mindestalter**, um Alkohol kaufen zu können, beträgt 20 Jahre. Man kann also mit 18 Jahren heiraten, aber den Sekt für das Fest nicht selbst besorgen. In der Innenstadt gibt es einen staatlichen Alkoholladen:
> **67** [C4] **Vínbúðin,** Austurstræti 10A, www.vinbudin.is, Tel. 5626511, Mo.–Sa. 11–18, Fr. 11–19 Uhr. In den großen Einkaufszentren Kringlan und Smáralind (s. S. 22) befinden sich ebenfalls staatliche Alkoholläden.

◀ *Das schwarze Etikett sollte ursprünglich der Abschreckung dienen, doch der Brennivín (auch „schwarzer Tod" genannt) gilt heute als inoffizielles Nationalgetränk*

AUF INS VERGNÜGEN
Reykjavík für Genießer

PREISKATEGORIEN RESTAURANTS

€	bis 3500 ISK (bis ca. 20 €)
€€	3500–5000 ISK (20–30 €)
€€€	5000–7500 ISK (30–45 €)
€€€€	7500–9000 ISK (45–55 €)
€€€€€	mehr als 9000 ISK (mehr als 55 €)

Die angegebenen Preise umfassen drei einzeln aus der Karte gewählte Gänge und beziehen sich nicht auf Menüs zu Sonderpreisen. Die Angabe der Preisspannen in Euro geschieht unter Vorbehalt, da die Isländische Krone äußerst instabil ist.

AUSGEWÄHLTE LOKALE

68 [D5] **3 Frakkar** €€€, Baldursgata 14, Tel. 5523939, www.3frakkar.com, Mo.–Fr. 11.30–14.30 u. 18–22, Sa., So. 18–23 Uhr. Eine große Auswahl an Fisch und Meeresfrüchten, aber auch etwas ausgefallenere Spezialitäten wie geräuchertes Papageientaucherfleisch, Walsteak oder Pferdefleisch. Hierher kommen (auch) die Isländer, wenn sie typisch isländisch essen wollen.

69 [E4] **Austur Indía fjélagið** €€€, Hverfisgata 56, Tel. 5521630, www.austurindia.is, So.–Do. 18–22, Fr., Sa. 18–23 Uhr. Klassisch-indische Küche aus unterschiedlichen Regionen Indiens. Ein Großteil der Karte wird von Tandoori-Gerichten dominiert. Die lokalen Zutaten wie Lammfleisch und Fisch werden mit selbstgemixten, aus Indien importierten Gewürzen verfeinert. Angenehmes, entspanntes Ambiente.

70 [D5] **Café Lóki** €, Lokastígur 28, Tel. 4662828, www.textil.is, Mo.–Sa. 10–18, So. 12–18 Uhr. Das kleine Café über dem dazugehörigen Souvenirladen mit Blick auf die Hallgrímskirche ⓮ bietet eine breite Auswahl an typisch isländischen Gerichten wie Hering, Stockfisch, Fischeintopf, geräucherte Forelle, eingelegter Schafskopf, fermentierter Hai usw. Im Angebot finden sich ein wechselndes Tagesmenü, isländische Platten, selbst gebackenes Brot, Suppen und Pfannkuchen.

71 [B6] **Dill Restaurant** €€€, Sturlugata 5, Tel. 5521522, www.dillrestaurant.is, Lunch Mo.–Sa. 11.30–14, So. 13–14 Uhr, Kaffee bis 17 Uhr, Dinner Mi.–Sa. 19–22 Uhr. Nordische Küche vom Allerfeinsten mit konsequent nordischen Produkten (also z. B. kein Olivenöl), untergebracht im von Alvar Aalto entworfenen Nordischen Haus mit schöner Aussicht. Das Gastro-Team gehört zu Islands besten.

72 [D5] **Eldsmiðjan Pizzeria** €, Bragagata 38A, und

73 [E5] **Eldsmiðjan Pizzeria** €, Laugavegur 81, www.eldsmidjan.is, Tel. 5623838, tgl. 11–23 Uhr. Eine Eldsmiðjan-Pizza aus dem Holzofen (mit extra Knoblauch- oder Chiliöl) schmeckt wunderbar, weshalb man im Stammhaus in der Bragagata teilweise bis zu einer Stunde warten musste, bis man mit seiner Bestellung an der Reihe war. Glücklicherweise kamen 2008 neue Filialen hinzu. Pizza (Zutaten auch frei kombinierbar), Salate, Knoblauchbrot.

74 [B3] **Fish Company – Fiskfélagið** €€€€, Vesturgata 2a, Tel. 5525300, www.fiskfelagid.is, Mo.–Fr. 11.30–14 Uhr u. 17.30–22.30, Fr./Sa. 17.30–23.30, So. 17.30–22.30 Uhr. Hochwertige isländische Produkte (Fisch, Meeresfrüchte, Lamm, Geflügel) werden in einer Reise um die Welt zu Köstlichkeiten verarbeitet. Empfehlenswert sind die „Around"-Menüs.

75 [B4] **Fish Market – Fiskmarkaðurinn** €€€€, Aðalstræti 12, Tel. 5788877, www.fiskmarkadurinn.is, Mo.–Fr. 11.30–14

AUF INS VERGNÜGEN
Reykjavík für Genießer

u. tgl. 18-23.30 Uhr. Isländische Qualitätsprodukte wie Fisch, Meeresfrüchte, Lamm oder Geflügel mit asiatischem Einschlag. Die meisten Gäste entscheiden sich für das „Tasting Menu", denn dann serviert die Küche eine Vielzahl verschiedener und spannender Gerichte für alle am Tisch.

❶76 [C5] **Gallery Restaurant** €€€€, Bergstaðastræti 37, Tel. 5525700, www.holt.is, tgl. 12-14 u. 18-22.30 Uhr (Küche bis 13.30 bzw. 22 Uhr). Der Gründer des Hólt-Hotels, Þorvaldur Guðmundsson (1911-1998), war ein talentierter und kenntnisreicher Sammler isländischer Gemälde, die er nicht in einem Safe eingeschlossen, sondern überall im Hotel aufgehängt hat. Betritt man das Hotel und das Restaurant, wird man von einer gedämpften Atmosphäre empfangen: Teppichböden, alte Gemälde in breiten Bilderrahmen, beinahe antik anmutende Einrichtung. Das Restaurant bietet klassische französische Küche mit isländischen Zutaten, à la carte zum entsprechenden Preis. Das Restaurant verfügt außerdem über einen legendär bestückten Weinkeller.

❶77 [B3] **Geysir** €€, Aðalstræti 2, Tel. 5174300, www.geysirbistrobar.is, tgl. ab 11.30 Uhr. In dem bereits ab Mittag geöffneten Bistro ist die Auswahl groß: Suppen, Salate, gefüllte Pfannkuchen, Pastagerichte, Hamburger, Fisch- und Fleischgerichte, Desserts ... Hier findet jeder etwas.

❶78 [B3] **Hamborgarabúllan** €, Geirsgata 1, Tel. 5111888, www.bullan.is, tgl. 11.30-21 Uhr. Vor allem Jugendliche bevölkern das kleine Lokal beim Hafen, um leckere Hamburger in vielen Varianten, Pommes und Milchshakes zu verzehren. Man bestellt am Tresen, setzt sich auf einen der Barhocker und die Burger werden in kleinen Körbchen und in Papier eingewickelt serviert. Gut geeignet für den Hunger zwischendurch oder als Grundlage für einen längeren Abend. Seit 2010 auch im B5 (s. S. 39) zu finden, wo ein gemischtes Publikum die Burger genießt.

❶79 [C4] **Humarhúsið** €€€€, Amtmannsstígur 1, Tel. 5613303, www.humarhusid.is, Mo.-Do. 11.30-22, Fr./Sa. 11.30-23, So. 17-22 Uhr. Wer Hummer liebt, ist hier an der richtigen Adresse. Hummergerichte in Spitzenqualität, aber auch Fisch- und Fleischgerichte in etwas kleinerer Auswahl.

❶80 [B3] **Icelandic Fish and Chips** €, Tryggvagata 8, Tel. 5111118, www.fishandchips.is, Mo.-Fr. 11.30-21, Sa., So. 12-21 Uhr. Hier wird das englische Traditionsessen Fisch mit Pommes frites isländisch aufgewertet. An einer Theke bestellt man aus einer Auswahl von drei bis vier Fischsorten wie Schellfisch, Scholle, Kabeljau, Seeteufel, Heilbutt oder Wels, die in einem Teigmantel gebacken werden. Dazu kann man gebackene Kartoffelecken, Salat, diverse Soßen auf der Basis von *Skyr* und einige Nachspeisen wählen.

❶81 [C4] **Jómfrúin** €€, Lækjargata 4, Tel. 5510100, www.jomfruin.is, tgl. 11-18 Uhr. Hier wird typisch dänisches *Smørrebrød* serviert, was eigentlich Butterbrot bedeutet. Die gebotenen Sandwiches sind allerdings reichlich belegt und ausgiebig garniert (kalt und auch warm).

> **EXTRATIPP**
>
> *Feinkost, Fisch und Bruschetta*
>
> ❶82 [D4] **Ostabúðin** €, Skólavörðustígur 8, www.ostabudin.is, Tel. 5622772. Im Keller des Delikatessengeschäfts Ostabúðin werden zur Mittagszeit (Mo.-Sa. 11.30-13.30 Uhr) eine Suppe, ein Salat und ein Fischgericht angeboten, dazu wird Bruschetta und Olivenöl gereicht. Sehr beliebt bei den Einheimischen.

AUF INS VERGNÜGEN
Reykjavík für Genießer

Das Angebot eignet sich hervorragend für den kleinen Hunger zwischendurch. Man kann ganze oder halbe Portionen bestellen, sodass man mehrere Brote kombinieren kann.

🍴83 [C4] **La Primavera** €€€€, Austurstræti 9, Tel. 5618555, www.laprimavera.is, Mo.–Do. 12–14 u. 18–22.30, Fr. 12–14 u. 18–23.30, Sa. 18–23.30 Uhr. Norditalienische Küche mit frischen isländischen Zutaten, Günstige Mittagsmenüs in ruhigem, schickem Ambiente.

🍴84 [D3] **Panorama** €€€, Ingólfsstræti 1, www.panoramarestaurant.is, Tel. 5515800, Mi.–So. 17–23 Uhr. Hier werden isländische Spitzenprodukte in französischer Küchentradition zubereitet. Zur Auswahl stehen À-la-carte-Gerichte und drei günstige Menüs. Große Fenster von der Decke bis zum Boden bieten einen grandiosen Ausblick über die Bucht auf den Berg Esja. Klares, skandinavisches Design im obersten Stock des Hotels Arnarhvoll.

▲ *Volles Haus: zufriedene Gäste im Santa Maria (s. S. 33)*

🍴85 [E8] **Perlan** €€€€, Öskjuhlíð, Tel. 5620200, www.perlan.is, tgl. ab 18.30 Uhr. Das große Restaurant dreht sich in zwei Stunden einmal vollständig um seine eigene Achse, weshalb sich die tolle Aussicht aus der Kuppel ständig etwas verändert. International orientierte Küche à la carte oder als Gourmet-Menü, dessen Preis nicht sehr viel höher liegt als ein durchschnittliches Hauptgericht.

🍴86 [C4] **Pisa** €€€, Lækjargata 6B, Tel. 5787200, www.pisa.is, So.–Do. 18–22, Fr./Sa. 18–23 Uhr. Die Karte des Pisa umfasst italienische Spezialitäten wie Parmaschinken, Gemüsesuppe, Salate, Pasta, Risotto, Fisch- und Fleischgerichte sowie zwei günstige Touristenmenüs. Die Eigentümer führen auch das Restaurant im Iðnó-Theater ❻.

🍴87 [D4] **Santa Maria** €€, Laugavegur 22A, Tel. 5527775, Mo.–Sa. 11–22, So. 16–22 Uhr. Bodenständige mexikanische Küche, gemäßigte Preise.

🍴88 [C4] **Shalimar** €€, Austurstræti 4, Tel. 5510292, www.shalimar.is, Mo.–Do. 11.30–22, Fr. 11.30–23, Sa. 16–23, So. 16–22 Uhr. Indisch-pakistanische Küche, vegetarische Hauptgerichte.

ISLÄNDISCHE SNACKS

Pylsur, die isländischen Hotdogs, findet man in Pylsur-Buden überall in Reykjavík, wo man vom Hunger überfallen werden könnte, ob man nun auf den Bus wartet oder gerade das Schwimmbad verlässt.

Die Isländer lieben ihre Hotdogs, vielleicht weil sie mit dem Spruch „Íslendingar borða SS pylsur" - „Isländer essen SS pylsur" - groß geworden sind. („SS" steht übrigens für den Namen des Herstellers „Sláturfélag Suðurlands" - „Wurstfabrik Südland".) Manche Besucher mit kleinem Budget retten sich mithilfe von Pylsur durch ihren Islandurlaub. Der besondere Geschmack der Wurst rührt daher, dass auch **Lammfleisch mitverarbeitet** wird.

In Reykjavík schwören die Leute darauf, dass es **die besten Hotdogs bei Bæjarins Beztu** gibt, einem Hotdogstand schräg gegenüber von Kolaportið ❶. Hier haben schon einige Berühmtheiten, darunter auch Bill Clinton, Pylsur verzehrt, was ihnen wohl sehr gemundet hat. Zudem hilft der Stand seit dem Jahr 1937 manchem Nachtschwärmer am Wochenende über die Runden.

Die Pylsur der Firma SS haben einen Marktanteil von 80%, weshalb man diese nicht nur bei Bæjarins Beztu findet. Selbst nachts muss man teilweise Schlange stehen, die Wartezeit kann man sich dann mit dem Lesen von an die Wand plakatierten Zeitungsartikeln über Clinton und Co. verkürzen. Am gebräuchlichsten ist wohl die Bestellung „pylsa með öllu og kók", dann erhält man einen „Hotdog mit allem und Coke". Das wären ein Hotdog mit Senf, Remouladensoße, Ketchup, rohen und gebackenen Zwiebeln und eine Cola zum Runterspülen.

❶89 *[C4] Bæjarins Beztu,* Tryggvagata, So.-Do. 10-0.30, Fr., Sa. 10-4.30 Uhr (manchmal auch länger), Pylsur: 280 ISK

❶90 *[J4] Ísbúðin Laugalæk,* Laugalæk 8, Tel. 5612244, tägl. 12-23.30 Uhr. Der Eissalon bietet Trölla-Pylsur nach eigenem Rezept (ohne Zusatzstoffe) für 350 ISK

Neben anderen üblichen Snacks wie Süßigkeiten, Keksen und Chips gibt es in Reykjavík noch ein paar besondere Imbisse, die noch dazu eine äußerst gesunde Alternative darstellen. Die erste Alternative ist **harðfiskur** (getrockneter Fisch), der auch zerteilt in Tüten verkauft wird, sodass man die zähen Fasern nicht erst mühselig auseinander rupfen muss. Teilweise wird auch gleich Butter, die man einfach auf den Fisch schmiert, als wäre es Brot, und ein Plastikmesser mitverkauft. Durch das Trocknen wird der Geschmack milder und unaufdringlicher.

Ein vegetarierfreundlicher Snack sind die **getrockneten Algen,** die in Tüten verkauft werden und gegessen werden wie Chips. Außerdem gibt es noch **Skyr,** eine Art dickflüssiger Joghurt mit einem sehr viel höheren Proteingehalt als Joghurt und Quark. Das typisch isländische Milchprodukt wird in kleinen Bechern (mit Löffel im Deckel) in vielen süßen Geschmackssorten verkauft.

Verði þér að góðu! - Wohl bekomms!

AUF INS VERGNÜGEN 35
Reykjavík für Genießer

91 [D4] **Sjávargrillið – Seafood Grill** €€€, Skólavörðustígur 14, Tel. 5711100, www.sjavargrillid.is. Im Mai 2011 von einem der aufstrebenden Köche Islands eröffnetes Restaurant für Spezialitäten von Fisch und Meeresfrüchten. Empfehlenswert sind die günstigeren Grill-Menüs.

92 [B3] **Tapasbarinn** €€€, Vesturgata 3B, Tel. 5512344, www.tapas.is, So.–Do. 17–23.30, Fr., Sa. 17–1 Uhr. Zusätzlich zu den über 50 Tapasorten, in deren Reihe sich auch typisch isländische Gerichte wie geräucherter Papageientaucher in Heidelbeer-Branntwein-Soße geschlichen haben, kann man auch noch größere oder kleinere Hauptgerichte und Desserts wählen. Beliebt wegen seiner langen Öffnungszeiten, freitags und samstags meist sehr voll.

93 [C4] **Thorvaldsen** €€€, Austurstræti 8–10, Tel. 5111413, www.thorvaldsen.is, Küche: tgl. 11–22 Uhr, Klub: Fr. bis 3, Sa. bis 4 Uhr. Auf der Menükarte findet man internationale Küche, also für jeden Geschmack etwas. Donnerstag ist Mojito-Abend. Thorvaldsen ist auch ein gut besuchter Klub, und das bedeutet, dass schon relativ früh am Abend die Lautstärke der Anlage hochgedreht wird, sodass man sich beim Essen nur noch schwer unterhalten kann. WLAN-Hotspot.

Vegetarisch und gesund

Vegetarisches Essen war für Isländer lange Zeit eine unverständliche Angelegenheit. Inzwischen gibt es jedoch einige vegetarische Restaurants, die auch vegane oder glutenfreie Speisen im Angebot haben. Allerdings sollte man immer nachfragen, welche Gerichte geeignet sind.

Fast alle vegetarischen Restaurants sind recht einfach eingerichtet und man holt sich die Speisen am Tresen selbst ab. Reguläre Restaurants, auch solche auf gehobenem Niveau, tun sich schwer damit, eine vegetarische Alternative mit in die Karte aufzunehmen.

94 [D4] **Á næstu grösum** €, Laugavegur 20B (Eingang über Klapparstígur), Tel. 5528410, www.anaestugrosum.is, Mo.–Sa. 11.30–22, So. 17–22 Uhr. Die vorbereiteten Speisen sind in einer Bar ausgestellt, aus der man sich seine Mahlzeit zusammenstellen lassen kann. Brot, Humus, Pesto und Butter gibt es immer gratis dazu. Das Angebot komplettieren Suppen und Torten wie Schokoladen- und Pecannusstorte.

95 [D4] **Garðurinn – Ecstacy's Heart Garden** €, Klapparstígur 37, Tel. 5612345, Mo./Di./Do./Fr. 11–18.30, Mi. 11–17, Sa. 12–17 Uhr. Sehr kleines Restaurant, das täglich Suppen mit Dinkelbrot, Humus und Butter sowie ein Tagesmenü aus Suppe und Hauptgericht bietet. Auch die Kuchen sind beliebt, besonders die Schokoladentorte.

EXTRATIPP

96 [B3] **Sægreifinn – Sea Baron** €, Geirsgata 8, Tel. 5531500, www.saegreifinn.is, Mo.–Fr. 9–18, Sa. 10–14 Uhr. In die einfache Hafenkneipe kommen Einheimische wie Touristen, um Hummersuppe (für die Sægreifinn berühmt ist) oder diverse gegrillte Fischspieße (Lachs, Zwergwal, Kabeljau, Muscheln – je nach Tagesangebot) zu essen. Die Speisen und Getränke liegen in zwei Kühlschränken, man holt sich raus, was man gerne möchte, und das Gewählte wird frisch zubereitet. Hier sitzt man auf Plastiktonnen, die zu Sitzen umgebaut sind, an langen Tischen. Das Essen wird in Plastiktellern und mit Plastikbesteck serviert. Das Ambiente mag äußerst einfach sein, aber die Qualität der gebotenen Speisen ist so gut, dass die meisten Gäste gerne wiederkommen.

AUF INS VERGNÜGEN
Reykjavík für Genießer

EXTRATIPPS

Dinner for one

Grundsätzlich bereitet es keine Probleme, beim Essen in Reykjavík allein und ungestört zu sein, das ist überall möglich. Wer Leute kennenlernen möchte, für den eignen sich die Restaurants, die auch als Bar/Klub fungieren, z.B.:
› Geysir (s. S. 27)
› Kaffi Sólon (s. S. 41)
› Kryddlegin Hjörtu (s. S. 36)
› Vegamót (s. S. 41)

Für den späten Hunger

Am Wochenende ist das spanische Restaurant Tapasbarinn (s. S. 35) beliebt, dessen Küche Fr. und Sa. bis 1 Uhr geöffnet ist. Verstreut auf Bankastræti, Austurstræti, Hafnarstræti liegen verschiedene Kioske mit Pylsur-Verkauf und Snackbars, die meisten schließen Fr. und Sa. gegen 2 Uhr. Der legendäre Pylsur-Stand Bæjarins Beztu hält bis in den frühen Morgen die Stellung (s. S. 34). Der wirklich letzte Rettungsanker ist der kleine Supermarkt 10/11 in der Austurstræti, der rund um die Uhr geöffnet ist (u. a. Salate und Hotdogs).

Wer lange genug durchhält, kann sich bei der Konditorei Sandholt oder der Bernhöftsbakarí (Bergstadastræti 13) ab 7 oder 7.30 Uhr etwas zum Frühstücken holen und Sa. sowie So. ab 8 Uhr ein solides Frühstück bei Grái Kötturinn (s. S. 37) genießen.

Lokale mit guter Aussicht

In den folgenden Lokalen überzeugen nicht nur die zubereiteten Speisen, sondern auch der Ausblick:
› Dill (s. S. 31)
› Kryddlegin Hjörtu (s. S. 36)
› Panorama (s. S. 33)
› Perlan (s. S. 33)

▶ *Gemütliche Atmosphäre im Hemmi & Valdi (s. S. 38)*

❷**97** [J5] **Gló** €, Engjateigur 19, Tel. 5531111, www.glo.is, Mo.–Fr. 11–20, Sa. 11–15 Uhr. Das modern und hell eingerichtete Restaurant bietet seinen Gästen Suppen mit Brot und Humus, Salate und verschiedene Tagesgerichte (ein nicht-vegetarisches, zwei vegetarische Gerichte).

❷**98** [D4] **Grænn Kostur** €, Skólavörðustígur 8B, Tel. 5522028, www.graennkostur.is, Mo.–Sa. 11.30–21, So. 13–21 Uhr. Das Restaurant, in dem man auf Barhockern an hohen Tischen sitzt, ist über den Parkplatz von der Bergstaðastræti zu erreichen. Wechselnde Tagesgerichte, Pizzen, Quiches, vegetarische Burger und Salate und als Nachspeise verschiedene Kuchen stehen hier im Angebot. Das Essen wird an einer Theke bereitgestellt.

❷**99** [J6] **Krúska** €, Suðurlandsbraut 12, Tel. 5575880, www.kruska.is, Mo.–Fr. 11–20 Uhr. Ein kleines, helles Restaurant, wo man aus einem Angebot vegetarischer und nicht-vegetarischer Speisen an einer Theke auswählen und sein Essen selbst zusammenstellen kann.

❷**100** [E4] **Kryddlegin Hjörtu** €, Skúlagata 17, www.kryddleginhjortu.is, Tel. 5888818, Mo.–Fr. 11.30–21 Uhr. Diverse Suppen, eine gut bestückte Salatbar, selbst gebackenes Brot. Abends gibt es zudem zwei warme Gerichte. Mit schönem Ausblick auf den Berg Esja.

❷**101** [H4] **Maður lifandi** €, Borgartún 24, Tel. 5858700, www.madurlifandi.is, Mo.–Fr. 10–20, Sa. 10–17 Uhr. Das Restaurant gehört zu einem großen Reformhaus, aufgrund der umliegenden Bürogebäude ist es zur Mittagszeit meist gut besucht. Das warme Tagesgericht gibt es in einer vegetarischen und nicht-vegetarischen Variante, außerdem Suppen, Salatbar, Quiches und diverse Gemüsesäfte.

Reykjavík für Genießer

CAFÉS UND KONDITOREIEN

Isländer gehen sehr gerne **Kaffeetrinken** und genießen es, in Cafés zu sitzen. Viele benutzen diese auch als erweitertes Büro und lassen sich mit Laptop (viele Cafés bieten einen drahtlosen Internetzugang) und Schreibzeug für Stunden im Cafésstuhl nieder. Vielleicht ist das ja einer der Gründe dafür, warum es in Reykjavík jede Menge Cafés gibt, die eine Atmosphäre haben, als würde man bei Freunden oder bei der Oma zum Kaffeeklatsch vorbeischauen.

○**102** [E4] **Bakarí Sandholt,** Laugavegur 36, Tel. 5513524, www.sandholt.is, tgl. 7–18.15 Uhr. Hier kann man Brot, lecker belegte Brötchen, süße Teile und verführerische Torten erstehen. Im kleinen, angeschlossenen Café kann man die Torten oder selbst hergestellte Schokolade und frisches Eis auch gleich vor Ort genießen.

○**103** [B3] **Café Haiti** @@, Geirsgata 7b, Tel. 5518484, Mo.–Do. 8.30–19, Fr./ Sa. 8.30–23, So. 11–19 Uhr. Auf haitianische Kaffeesorten spezialisiertes Café am Hafen. Kleine Speisen (Sandwiches, Suppen), Musik- und Kulturveranstaltungen. Im Dachgeschoss zeigt eine Produktionsfirma für Naturdokumentationen im **Cinema No2** Vulkan- und Naturfilme. Kurzfilme 15 Min. 800 ISK (6–16 Jahre ermäßigt 400 ISK), Filme 55 Min. 1200/500 ISK. 15.5.–15.9. zwischen 13–19 Uhr, Winter 16–17 Uhr. Tel. 8986628, www.lifsmynd.is.

○**104** [C4] **Café Paris** @@, Austurstræti 14, Tel. 5511020, www.cafeparis.is, tgl. 9–1 Uhr. Große Auswahl an Bistrospeisen von Sandwich und Salaten über Hamburger und Pfannkuchen bis hin zu Lammsteaks. Bei gutem Wetter sind die Tische draußen ein perfekter Ort zum Sehen und Gesehenwerden. Am Wochenende Brunch.

○**144** [D4] **Grái Kötturinn,** Hverfisgata 16a, Tel. 5511544, Mo.–Fr. 7.15–15 Uhr, Sa./So. 8–15 Uhr (Küche tgl. bis 14 Uhr). Das halb versteckt im Souterrain liegende Café offeriert amerikanische Pfannkuchen mit Speck oder Ahornsirup, ein opulentes Frühstück mit Speck, Eiern usw. (bekommt man aber den ganzen Tag) sowie reichlich belegte Toasts oder Bagels.

> **WLAN-Hotspots**
> Lokalitäten mit WLAN-Hotspots sind hier mit „@@" gekennzeichnet.

AUF INS VERGNÜGEN
Reykjavík für Genießer

- **105** [D4] **Hemmi & Valdi**, Laugavegur 21, http://hemmiogvaldi.wordpress.com, Tel. 5516464, So.–Do. 10–1, Fr./Sa. 10–3 Uhr. Tagsüber ein Café für die ganze Familie: Die Erwachsenen unterhalten sich oder arbeiten am Computer, die Kinder spielen auf dem Fußboden – es wirkt wie ein familiäres Wohnzimmer. Abends Kneipe und Bar, teilweise Livemusik.
- **106** [D5] **Kaffismiðja Íslands**, Kárastígur 1, Tel. 5175535, www.kaffismidja.is, Mo.–Fr. 8.30–17, Sa. 10–17 Uhr. Kleines Café, das man wegen der selbstgerösteten, ausgewählten Kaffeesorten besucht. Daneben werden auch kleine Snacks angeboten.
- **107** [C4] **Kaffitár**, Bankastræti 8, Tel. 5114540, www.kaffitar.is, tgl. 10–17, weitere Filialen im Nationalmuseum **16**, Di.–Fr. 9–17, Sa., So. 11–17 Uhr, Hotspot, außerdem in den Einkaufszentren Kringlan und Smáralind und auf dem Flughafen Keflavík. Diese Kaffeerösterei ist spezialisiert auf Arabica-Bohnen. Außer den Spezialkaffeesorten werden auch verschiedene Teesorten und Kaffeetassen verkauft. Die Cafés bieten eine kleine Auswahl an Snacks.
- **108** [D4] **Kofi Tómasar frænda**, Laugavegur 2, Tel. 5511855, Mo. 10–1 Uhr, Fr./ Sa. 10–5, So. 11–24 Uhr. Gemütliches Café im Souterrain, in dem jede Menge Magazine als Lesefutter ausliegen. Beliebt sind die Schokoladentorte und die heiße Schokolade. Das Café verwandelt sich freitags und samstags in eine gut besuchte Musik-Bar.
- **109** [D4] **Mokka Kaffi**, Skólavörðustígur 3a, Tel. 5521174, www.mokka.is, tgl. 9–18.30 Uhr. Das 1958 gegründete Café war das erste Islands, das über eine italienische Kaffeemaschine verfügte und diese Art von Kaffeegenuss in Island eingeführt hat. Die zahlreichen Stammgäste lieben den Kaffee, die heiße Schokolade und die hausgemachten Waffeln.
- **110** [C4] **Súfistinn**, Lækjargata 2A, Tel. 5523740, tgl. 9.15–22 Uhr. Das Café über dem Buchladen im Iða-Haus stellt Zeitschriften und ein paar Bücher zum Lesen zur Verfügung. Viele offene Teesorten stehen zur Auswahl, außerdem wunderbare Torten und kleinere Mahlzeiten wie Burritos. Große Glasfenster bieten Ausblicke auf den zentralen Platz der Stadt.
- **111** [D4] **Te og kaffi**, Laugavegur 27, Tel. 5526260, www.teogkaffi.is, Mo.–Fr. 9–18, Sa. 10–16 Uhr. Die Kaffeerösterei importiert die verschiedenen Bohnensorten und röstet sie selbst. Im Geschäft werden neben Kaffeesorten auch diverse Teesorten sowie Geschirr und Geschenke rund um Tee- und Kaffeegenuss angeboten. Das angeschlossene Café bietet eine kleine Auswahl an Esswaren.
- **112** [D4] **Tíu Dropar**, Laugavegur 27, Tel. 5519380, tgl. 9–18 Uhr. „Bara tíu dropar" – „nur zehn Tropfen" –, sagen die Isländer, wenn sie noch ein Schlückchen Kaffee nehmen, das man ihnen anbietet. Gemütliches Café im Souterrain, das den Eindruck vermittelt, als würde man mal eben bei der Oma Kaffee trinken gehen. Belgische Waffeln und andere süße Verführungen stehen zur Auswahl.

> **EXTRATIPP**
>
> *Eine reine Weste*
> - **113** [C4] **Laundromat Café**, Austurstræti 9, www.thelaundromatcafe.com, tgl. 8–23, Fr. bis 1 Uhr, Sa. bis 3 Uhr Das Café bietet neben drei Industriewaschmaschinen und -trocknern eine entspannte Atmosphäre zum Abhängen, Entspannen und Genießen, eine ausführliche Karte, billige Second-Hand-Bücher, Zeitschriften und Computer sowie Spielraum für Kinder.

AUF INS VERGNÜGEN
Reykjavík am Abend

REYKJAVÍK AM ABEND

NACHTLEBEN

Das Nachtleben in Reykjavík wird viel gepriesen und als einmalig dargestellt. Und wenn man sich vor Augen hält, dass Reykjavík eigentlich eine im europäischen Vergleich äußerst übersichtliche Großstadt mit lediglich 120.000 Einwohnern ist, dann kann man zu Recht sagen, dass es hier am Wochenende heiß hergeht. Isländer feiern gern und lassen dafür keine Gelegenheit aus.

Dies ist auch daran zu erkennen, dass der **Dresscode** normalerweise „dress-up" heißt: Egal wie kalt es ist, die Mädels tragen tapfer kurze Röcke und Stöckelschuhe. Jeans und Sneakers können ein Grund dafür sein, warum man in einen Klub nicht hineinkommt (ist selbst Hollywoodstar Mel Gibson schon mal passiert).

Das **Nachtleben kommt relativ spät, erst gegen Mitternacht, in Gang**, weil die meisten schon zu Hause die ersten Alkoholrunden konsumieren, was dann sozusagen als Grundstock dient. Donnerstag, Freitag und Samstag sind die Tage bzw. Nächte, an denen das Nachtleben auf vollen Touren läuft. In vielen Klubs, Bars und Discos hört man **Livemusik**, vor den Veranstaltungsorten stehen Warteschlangen und durch die ganze Innenstadt ziehen Gruppen junger Leute.

Ein typisches Phänomen ist die **endlose Autoschlange auf der Laugavegur**. Denn, um zu sehen und gesehen zu werden, fährt man erst einmal ein paar Runden mit dem Auto die Laugavegur und Bankastræti hinunter und die Hverfisgata wieder hinauf, um dann nochmals die gleiche Runde zu drehen. Dies lässt sich beliebig oft wiederholen, bevor man schließlich

SMOKER'S GUIDE

In Island gilt in der gesamten Gastronomie, in Hotels sowie in öffentlichen Einrichtungen **Rauchverbot**. Man ist gewohnt, im Freien zu rauchen, auch wenn es teilweise ganz schön kalt werden kann. Manchmal werden Decken zur Verfügung gestellt oder es gibt einen Winkel, der mit einem Heizstrahler ausgestattet ist.

den Wagen abstellt, um beim ersten Klub anzustehen. Das **Anstehen vor dem Klub** gehört mit zum Ausgangsritual, dort lassen sich gut die ersten Kontakte knüpfen.

Viele Bars und Klubs lassen sich nicht auf ein Musikrichtung festlegen. Es werden Livebands und DJs irgendwo zwischen Punk-Rock, Hip-Hop, Indie und Disco-Oldies geboten. Glücklicherweise liegen die meisten **Locations dicht beieinander,** im Falle des Falles braucht man nur ein paar Türen weiter sein Glück zu versuchen.

Die englischsprachige Gratiszeitung **Grapevine** (liegt überall aus, s. S. 112) gibt einen umfassenden **Überblick über das aktuelle Programm.**

Bars und Klubs

114 [C4] **Austur**, Austurstræti 7, Tel. 5681907, www.austursteikhus.is. Das Steak-House (tgl. 18–22 Uhr) verwandelt sich später am Abend in einen Klub (So.–Do. bis 1 Uhr, Fr./Sa. bis 4 Uhr).

115 [C4] **B5**, Bankastræti 5, Tel. 5111886. Tagsüber (Mo.–Sa. 11–22, So. 12–22 Uhr) erhält man hier die leckeren Hamburger von Hamborgara Búllan, die man auch im winzigen Stammlokal am Hafen bekommt (s. S. 32). Die Atmosphäre ist locker und entspannt und es kommt ein gemischtes Publikum. Bestellen kann man direkt in dem kleinen Raum rechts hinter der Theke. Am Wochenende (Do. bis 1 Uhr, Fr./Sa. bis 5 Uhr) gehört das B5 zu den beliebten Spots in Reykjavík, denn dann legen DJs im Klub B5 auf und es wird richtig voll.

116 [C3] **Bakkus,** Tryggvagata 22 (Eingang um die Ecke), Tel. 7701517, So.–Mi. 20–1, Do. 17–1, Fr. 17–5, Sa. 20–5 Uhr. Keine Bar für Zartbesaitete mit großer Auswahl an Wodka und Bier. Dazu gibt es Live-Musik und Filmabende.

117 [D4] **Café Rósenberg,** Klapparstígur 25–27, Tel. 5512442, So.–Do. 16–1, Fr., Sa. 16–3 Uhr. Hier gibt es an vielen Abenden durch die Woche Liveauftritte von Bands oder Soloartisten, häufig aus dem Bereich Jazz und Blues.

118 [D4] **Celtic Cross,** Hverfisgata 26, Tel. 5113240, So.–Do. 17–1, Fr., Sa. 15–5.30 Uhr. Authentischer irischer Pub, an Wochenenden häufig Livemusik.

119 [D4] **Den Danske Kro,** Ingólfsstræti 3, Tel. 5520070, www.danski.is, tgl. 12–1, Fr./Sa. bis 4 Uhr. Typisch dänische Kneipe (kleine Smørrebrød, Tuborg Bier), an mehreren Abenden die Woche Live-Musik.

120 [D4] **Dillon Rockbar,** Laugavegur 30, Tel. 5782424, www.dillon.is, So.–Do. 16–1, Fr., Sa. 14–3 Uhr. Dunkle Einrichtung im Stil eines englischen Pubs, entspannte Atmosphäre und gemischtes Publikum. Hier treten viele nationale Rockbands auf. Im Sommer ist der Hinterhof geöffnet.

121 [C4] **Esja,** Austurstræti 16, Tel. 5526006, Do.–Sa. ab 21 Uhr. Stilvoller Klub, hohe Decken, Kristallleuchter und entsprechend gekleidetes Publikum.

122 [D4] **Kaffibarinn,** Bergstaðastræti 1, Tel. 5511588, So.–Do. 16.30–1 Uhr, Fr./Sa. 15–5 Uhr. Durch das Buch von Hallgrímur Helgason und den gleichnamigen Film „101 Reykjavík" wurde Kaffibarinn zur coolsten Bar gehypt. Einige halten diese Bewertung für schonungslos übertrieben, auf jeden Fall ist der Laden mit lauter Musik am Wochenende gerammelt voll.

123 [D4] **Kaffi Sólon** ⓐⓐ, Bankastræti 7A, Tel. 5623232, www.solon.is, Mo.-Mi. 11-24, Do. 11-1, Fr. 11-4, Sa. 11-5, So. 12-24 Uhr, im Winter Fr./Sa. bis 1 Uhr, Küche ganzjährig bis 23.30 Uhr. Den ganzen Tag über ist das Kaffi Sólon ein beliebter Treffpunkt. Im Erdgeschoss werden Werke verschiedener Künstler ausgestellt. Die Menükarte umfasst kleine und große Gerichte wie Tapas, Pasta, Risotto, Fleischgerichte oder Hamburger. Am Wochenende ist der Laden ein gut besuchter Klub, im ersten Stock Disco, auch Livemusik.

124 [C4] **Nasa**, Thorvaldsensstræti 2 (Austurvöllur), Tel. 5111313, www.nasa.is, programmabhängige Öffnungszeiten. Die wichtigste Bühne für Liveacts, zieht mit seinem breiten Angebot immer genügend Publikum an.

125 [B3] **Nema Forum,** Tryggvagata 11, Tel. 8212426, www.nemaforum.com. Kulturzentrum im Aufbau. Der Konzertsaal ist wie ein klassischer Jazzklub mit Tischen ausgestattet. Konzerte in intimer Atmosphäre und kleine Theateraufführungen.

126 [D4] **Oliver**, Laugavegur 20A, Tel. 5522300, www.cafeoliver.is, Mo.-Do. 11.45-1, Fr. 11.45-4.30, Sa. 15-4.30, So. 15-1 Uhr, Küche: Mo.-Fr. 11.45-22, Sa., So. 15-22 Uhr. Tagsüber Bistro mit großer Karte und Terrasse im ersten Stock, an den Abenden am Wochenende Partytime bis in den Morgen.

◄ *Auf einen Drink, zum Essen oder am Wochenende zum Schwof bei Live-Musik: das Sólon ist zu jeder Zeit ein beliebter Treffpunkt*

127 [D4] **Prikið,** Bankastræti 12, Tel. 6988698, www.prikid.is, Mo.-Do. 8-1, Fr. 8-5.30, Sa. 12-5.30, So. 12-1 Uhr. Tagsüber eine Art American Diner aus den 1950er-Jahren und durch die frühen Öffnungszeiten eine gute Adresse für ein solides Frühstück mit Eiern und Speck, abends ein Klub für ein recht junges Publikum.

128 [C3] **Sódóma Reykjavík,** Tryggvagata 22, Tel. 8216921. Live-Auftritte bereits bekannter und aufstrebender, neuer Bands, gute Musikanlage.

129 [D4] **Vegamót,** Vegamótastígur 4, Tel. 5113040, www.vegamot.is, Mo.-Do. 11-1, Fr., Sa. 11-5, So. 12-1 Uhr, Küche: So.-Do. bis 22, Fr., Sa. bis 23.30 Uhr. Hier locken eine ausgiebige Bistrokarte (Suppen, Salate, Hamburger, Bagels, Wraps, Steaks, Fisch), samstags und sonntags Brunch und bei schönem Wetter die Terrasse (dann brechend voll). Am Wochenende ist das Vegamót ein angesagter Klub (Altersgrenze: 22 Jahre).

KONZERTE UND VORSTELLUNGEN

Isländer sind äußerst musikbegeistert und oft auch selbst in Bands, Orchestern, Ensembles und Chören aktiv. Diese geben viele Konzerte und die Leute besuchen auch mit Vergnügen und Interesse die unterschiedlichen Vorstellungen. Die Menschen sind hier sehr offen für alles Neue und Inspirierende. Dementsprechend zeigen sich Musiker und Künstler oft äußerst experimentierfreudig. Auf diese Weise ist in Island **eine interessante, lebendige und spannende Musikszene** entstanden. Björk, Sigur Rós, Emilíana Torrini, Hilmar Örn Hilmarsson, FM Belfast, Amiina, Lay Low, Rökkurró oder Jóhann Jóhannsson ist es mittlerweile gelungen, sich in der internationalen Musikszene zu etablieren.

Oft finden in Cafés, Konzerthallen oder an anderen Orten Liveauftritte statt. Und das ganze Jahr über locken **Festivals und Konzertreihen** (siehe Abschnitt „Zur richtigen Zeit am richtigen Ort") Besucher aus dem In- und Ausland an. Die besten Informationen zum laufenden Musikprogramm findet man unter:

› www.grapevine.is (oder in der Papierversion der Zeitung)
› www.musik.is
› www.midi.is (Tickets)

➲ 130 [H8] **Iceland Dance Company** (Íslenski Dansflokkurinn), Stadttheater (Borgarleikhús), Listarbraut 3, Tel. 5880900, www.id.is. Die Truppe besteht aus 12 klassisch geschulten Tänzern und Tänzerinnen, konzentriert sich jedoch seit 1996 auf moderne, zeitgenössische Werke isländischer und ausländischer Choreografen, womit sich das Ensemble international einen hervorragenden Namen erarbeitet hat.

› **Isländische Oper** (Íslenska Óperan), Konzerthalle Harpa ❿, Tel. 5114200 (14–18 Uhr), www.opera.is. Die Isländische Oper ist ein noch recht junges Opernhaus, das aus einem 1978 gegründeten Klub hervorging. Heute führt die Oper zwei bis vier Vorstellungen (meistens in Originalsprache mit isländischen Untertiteln) pro Jahr im alten Kino auf. Einmal pro Monat finden dienstags um 12.15 Uhr Lunchkonzerte statt.

› **Isländisches Symphonieorchester** (Sinfóníuhljómsveit Íslands), Konzerthalle Harpa ❿, Tel. 5452500, www.sinfonia.is. Das Isländische Symphonieorchester gehört durch seine hohe Qualität und die innovative Programmgestaltung zu den führenden nordischen Orchestern. Wenn das Orchester nicht gerade im Ausland (unter anderem auch in Deutschland), auf Tournee ist, finden regelmäßig Konzerte in Reykjavík statt.

REYKJAVÍK FÜR KUNST- UND MUSEUMSFREUNDE

MUSEEN

Reykjavík bietet eine breite **Auswahl an Museen,** unter denen besonders die Ausstellungen zur Geschichte des Landes interessant sind. Normalerweise sind alle Ausstellungen auf Isländisch und Englisch ausgeschildert, nur selten ist es möglich, auch deutsche Broschüren oder Beschreibungen zu bekommen. An Feiertagen (besonders Weihnachten, Silvester, Neujahr) sollte man sich vorab erkundigen, ob das gewünschte Museum geöffnet ist.

❷ [B4] **871±2 Besiedlungsausstellung** (Landnámssýningin). Mittels Videobildschirmen, Touchscreens und Computeranimationen interessant aufgemachte Ausstellung zur Besiedlung des Landes. Sie befindet sich genau an jener Stelle, an der sich die ersten Siedler zum Ende des 9. Jh. niedergelassen haben.

🏛 131 [J5] **Ásmundur Sveinsson Museum** (Ásmundursafn), Sígtun, Tel. 5532155, www.artmuseum.is, Mai–Sept. tgl. 10–16 Uhr, Okt.–April Sa./So. 13–16 Uhr, 1000 ISK. Ásmundur Sveinsson (1893–1982) gehört zu den Pionieren der isländischen Bildhauerkunst. Das Haus mit einer runden Lichtkuppel, in dem das

---

Museen, die mit einer magentafarbenen Nummer (❷) als Hauptsehenswürdigkeit ausgewiesen sind, werden im Kapitel „Reykjavík entdecken" ausführlich beschrieben. Dort finden sich auch alle praktischen Informationen wie Adresse, Öffnungszeiten usw.

AUF INS VERGNÜGEN 43
Reykjavík für Kunst- und Museumsfreunde

Museum jetzt untergebracht ist, ist den Wünschen des Künstlers entsprechend gestaltet worden. Sveinssons Skulpturen werden sowohl im Haus als auch im Garten ausgestellt. Im Museumsladen sind neben Büchern, Karten und ein paar Souvenirs Abgüsse seiner Skulpturen erhältlich.

132 [D5] **Einar Jónsson Museum,** Eiríksgata (gegenüber der Hallgrímskirkja ⑭), Tel. 5513797, www.skulptur.is, 1.6.–15.9. Di.–So. 14–17 Uhr, 16.9.–31.5. Sa./So. 14–17 Uhr, 500 ISK, Kinder unter 16 Jahren Eintritt frei. Der Zugang zum Skulpturengarten ist immer offen und gratis (Zugang über die Freyjugata). Einar Jónsson (1874–1954) war Islands erster Bildhauer. In seinem Werk finden sich folkloristische, mythologische und religiöse Motive, Symbole und Allegorien. Einige seiner Werke sind auch in der Innenstadt zu finden: die Statuen Ingólfur Arnarsons auf dem Hügel Arnarhóll (s. S. 74) und Jón Sigurðssons (s. S. 70). 1909 schenkte Einar Jónsson seine gesamten Werke dem isländischen Volk unter der Bedingung, dass ein Museum gebaut würde, in dem die Sammlung untergebracht werden könnte. Erst 1914 willigte das Parlament ein und Jónsson wählte einen Bauplatz auf einem damals in Einars eigenen Worten „trostlosen Hügel" am Stadtrand. Im unteren Teil der Ausstellung liegt ein historisches Foto in einer Vitrine, auf dem das einsame Haus auf dem Lavahügel zu sehen ist. Heute liegt das Museum mitten in der Innenstadt! Jónsson hat das Haus selbst als Galerie für seine Werke gestaltet, im oberen Stockwerk sind seine noch eingerichteten Wohnräume zu besichtigen.

133 [C3] **Fotografiemuseum Reykjavík,** 6. Stock des Grófarhús (hier auch Stadtbibliothek), Tryggvagata 15, www.ljosmyndasafnreykjavikur.is, Tel. 4116390, Eintritt frei. Das Museum beschäftigt sich mit der Rolle der Fotografie

in Kultur, Geschichte und als Kunstform, restauriert Fotos für das Museum und für Kunden und eröffnet dreimal pro Jahr neue Ausstellungen. Außerhalb des Ausstellungsraums steht ein Bildschirm, auf dem wechselnde Fotos Reykjavíker Fotografen des 20. Jh. das sich verändernde Gesicht der Stadt visualisieren. Nimmt man die Treppe statt des Aufzugs, kann man sich zusätzlich die im Treppenhaus aufgehängten Fotos anschauen. Der Museumsladen bietet eine große Auswahl an Büchern über Fotografie und Postkarten mit Reykjavík-Motiven aus dem Archiv, außerdem kann man Abzüge aus dem Archiv erwerben.

▲ *Im Skulpturgarten des Ásmundarsafn dürfen Kinder auch herumkraxeln*

AUF INS VERGNÜGEN
Reykjavík für Kunst- und Museumsfreunde

⑳ [S11] Freiluftmuseum Árbæjarsafn. Hier können alte, traditionelle und stilgerecht eingerichtete Gebäude besichtigt werden. Im Sommer berichten Mitarbeiter in traditionellen Kostümen über Handwerk und tägliches Leben in Mittelalter und Neuzeit.

㉑ Geothermalkraftwerk Hellisheiði (Hellisheiðarvirkjun). In dem modernen Kraftwerk erfährt man mithilfe von Bildschirmen und Touchscreens sowie anhand eines Kurzfilms sehr viel über die Gewinnung von Geothermalenergie (Erdwärme).

⑫ [D4] Kulturhaus (Þjóðmenningarhúsið). Ausstellung zu mittelalterlichen Handschriften der Edda.

134 [C3] Kunstmuseum Reykjavíker Hafenhaus (Listasafn Reykjavíkur Hafnarhús), Tryggvagata 17, Tel. 5901200, www.artmuseum.is, tgl. 10–17 Uhr, 1000 ISK. Hier werden Ausstellungen zeitgenössischer und experimenteller Kunst aus dem In- und Ausland geboten. Ein Teil der ehemaligen Lagerhalle am Hafen ist dem Künstler Erró gewidmet, der dem Museum 1989 eine große Zahl von Kunstwerken und Arbeitsmitteln hinterlassen hat, die in wechselnden Ausstellungen präsentiert werden. Der Museumsladen bietet eine breite Auswahl an Kunstbüchern, außerdem gibt es ein Café.

135 [F6] Jóhannes-Kjarval-Museum (Kjarvalsstaðir), Flókagata, Tel. 5171290, www.artmuseum.is, tgl. 10–17 Uhr, 1000 ISK. Jóhannes S. Kjarval (1885–1972) gehört zu den beliebtesten Landschaftsmalern Islands, denn für Isländer drücken seine Gemälde die Schönheit und Mystik der isländischen Natur aus. Außer der ständigen Kjarval-Ausstellung gibt es ein wechselndes Angebot aus dem Bereich moderne Kunst. Der nette Museumsladen und das Café mit Aussicht auf einen Park laden zum längeren Verweilen ein.

KURZ & KNAPP

Jóhannes Sveinsson Kjarval

Jóhannes Sveinsson Kjarval (1885–1972) ist der vielleicht berühmteste Maler Islands. **Kjarval liebte die isländische Landschaft** mit ihren sich verändernden Farben, das klare Licht und das unbeständige Wetter. Oft gibt es mehrere Bilder von Orten, die er immer wieder besuchte und malte. Neben realistischen Landschaftsdarstellungen werden seine Bilder aber auch von mythischen Figuren belebt. Er fing in seinen Bildern die Schönheit und Mystik der isländischen Natur ein. Seine Darstellungen veränderten die Wahrnehmung seiner Mitbürger auf das eigene Land, was ihn unlösbar mit dem kulturellen Erwachen der isländischen Nation zu Beginn des 20. Jh. verbindet.

Obwohl er auf dem Land aufwuchs, entsprach Kjarval in den Augen vieler dem romantischen Bild des unkonventionellen Künstlers, der in den Tag hinein lebt und seinen Lebensunterhalt durch den Tausch seiner Gemälde finanziert. Vor seinem Tod schenkte der Künstler der Stadt Reykjavík eine große Anzahl seiner Werke, die den Grundstock für die Sammlung des Museums Kjarvalsstaðir bilden. In jüngster Zeit macht Kennern zu schaffen, dass vermehrt **Fälschungen** seiner Werke auftauchen und dass niemand so genau weiß, wie viele Originale im Umlauf sind, da Kjarval selbst viele Werke verschenkt oder getauscht hat.

▶ *In solchen Nussschalen ging es früher bei Wind und Wetter auf Fischfang (Nationalmuseum)*

AUF INS VERGNÜGEN
Reykjavík für Kunst- und Museumsfreunde

136 [C5] **Nationalgalerie (Listasafn Íslands)**, Fríkirkjuvegur 7, Tel. 5159600, www.listasafn.is, Di.–So. 11–17 Uhr, Eintritt frei, Sonderausstellungen 500 ISK. Das Museum besitzt die wertvollste Kollektion isländischer Kunst mit Schwerpunkt auf dem 19. und 20. Jh. sowie zahlreiche Werke international bekannter Künstler. Die eigenen Werke sowie Leihgaben anderer Museen und Sammler werden dem Publikum in wechselnden Ausstellungen vorgestellt. Der älteste Teil des Gebäudes wurde 1916 als Eishaus *(Íshús)* erbaut. Damals wurde im Winter das Eis in großen Blöcken aus dem anliegenden Teich gesägt und hier aufbewahrt, damit man den Sommer über Fisch und andere Waren haltbar machen konnte. Der Museumsladen bietet Bücher, Karten und isländisches Design, zudem befindet sich ein Café im Komplex.

16 [B5] **Nationalmuseum (Þjóðminjasafn Íslands).** Die umfangreiche und äußerst interessante ständige Ausstellung umfasst etwa 2000 Objekte und 1000 Fotos und gibt ein umfassendes Bild der Entstehungsgeschichte der isländischen Nation von der Wikingerzeit bis heute.

15 [B6] **Nordisches Haus (Norræna Húsið).** Das Nordische Haus dient dem Kulturaustausch zwischen den Nordischen Ländern. 1968 nach einem Entwurf des berühmten finnischen Architekten Alvar Aalto eröffnet, hat es noch nichts von seiner zeitlosen Schönheit verloren. Hier werden Lesungen, Vorträge, Konzerte und Ausstellungen organisiert.

137 [E8] **Saga Museum,** Perlan, Öskjuhlíð, www.sagamuseum.is, Tel. 5111517, 1.4.–30.9. tgl. 10–18 Uhr, 1.10.–31.3. tgl. 12–17 Uhr, Erwachsene 1500 ISK, Kinder 800 ISK. Das kleine Museum in Perlan stellt mithilfe von lebensechten Wachsfiguren Szenen aus dem Leben der Wikinger nach. Besucher können einen deutschsprachigen Audioguide mit Kommentaren zu den unterschiedlichen Szenen leihen (kostenlos). Der Museumsladen führt Wikingersouvenirs (Schmuck, Glas, Kleidung).

AUF INS VERGNÜGEN
Reykjavík für Kunst- und Museumsfreunde

138 [B2] **Schifffahrtsmuseum Víkin (Víkin Sjóminjasafnið í Reykjavík)**, Grandagarður 8, www.maritimemuseum.is, Tel. 5179400, 16. Sept.–Mai Di.–Fr. 11–17, Sa./So. 13–17, Juni–15. Sept. tgl. 11–17 Uhr, Erwachsene 1000 ISK, Jugendliche 700 ISK, Kinder unter 12 J. Eintritt frei. Das Museum ist in einer ehemaligen Fischfabrik untergebracht und gibt einen Einblick in das Leben von Seeleuten und ihren Familien. Die Fischerei ist für Island identitätsstiftend, ermöglichte sie doch über Jahrhunderte hinweg das Überleben auf der Insel. Die Ausstellung wird zurzeit noch weiter ausgebaut und bietet neben den isländischen Erklärungen (nicht an allen Stellen) auch englische Erläuterungen. Jeweils zur vollen Stunde kann im Zusammenhang mit einer englischen Führung auch das Schiff Óðinn (63 m lang, 10 m breit, 910 Bruttoregistertonnen) besucht werden. Dieses wurde von 1960 bis 2006 von der Küstenwache eingesetzt und kam in allen drei „Kabeljaukriegen" (s. S. 55) gegen Großbritannien zum Einsatz.

139 [J3] **Sigurjón Ólafsson Museum (Listasafn Sigurjóns Ólafssonar)**, Laugarnestangi 70, Tel. 5532906, www.lso.is, Öffnungszeiten unter Vorbehalt: Juni–August Di.–So. 14–17, Sept.–Mai Sa./So. 14–17 Uhr, Dez./Jan. geschlossen, Buslinie 5 (Richtung Sélas), Haltestelle: Héðinsgata, dann am Wasser entlanggehen, oder Buslinie 12 (Richtung Mjódd), Haltestelle: Laugarnestangi. Das Museum ist eine private Stiftung der Witwe des Künstlers, daher ist das Museum an Feiertagen oder auch manchmal zwischendurch geschlossen. Sigurjón Ólafsson (1908–1982) war ein experimenteller Künstler, der mit sehr unterschiedlichen Materialien (Holz, Metall, Stein) arbeitete und sich in vielen Stilen erprobte, von konkret bis abstrakt. Aus diesem Grund übte er großen Einfluss auf spätere gestaltende Künstler aus. Deutlich wird dies vor der Nationalgalerie illustriert, wo die beiden Skulpturen „Fußballer" und „Der Wikinger" zeigen, wie breit sein Repertoire war. Einige Werke sind hier in seinem ehemaligen Atelier zu finden, das im Juli und August an Dienstagabenden einen besonderen Rahmen für die beliebten Sommerkonzerte bietet (20.30 Uhr). Die Cafeteria mit schönem Meerblick ist auch nach den Konzerten geöffnet.

140 [C5] **The Volcano Show**, Hellusund 6A, Tel. 8459548, Juli und Aug. Teil 1: 11, 15, 20 Uhr (englisch), 17.30 Uhr (deutsch), Teil 2: jeweils eine Stunde später, Sept.–Juni Teil 1: 15 u. 20 Uhr (englisch), Teil 2: 16 u. 21 Uhr (englisch), Erwachsene 1800/2000 ISK (ein Film/beide Filme), Jugendliche (11–16 J.) 1400/1600 ISK, Kinder (6–10 J.) 600/800 ISK, mit Vorbestellung auch Simultanübersetzung möglich. Ósvaldur und Villi Knudsen sind passionierte Vulkanausbruchfilmer, was ein nicht ungefährlicher Job ist. Das Filmmaterial ist daher manchmal etwas wacklig aufgenommen. Trotzdem bekommt man hier beeindruckende Bilder von Orten zu sehen, die von Lava und Flutwellen verschlungen werden, oder Bilder der Entstehung der Vulkaninsel Surtsey. Das Material wird in

---

EXTRATIPP

141 [B2] **Sjávarbarinn** €, Grandagarður 9, Tel. 5173131, www.www.sjavarbarinn.is, Mo.–Do. 10–21, Fr./Sa. 10–22, So. 16–22 Uhr (1.6.–30.9.). Schräg gegenüber dem Schifffahrtsmuseum liegt ein kleines Restaurant, das auf Fischgerichte und Meerestiere spezialisiert ist. Neben À-la-carte-Gerichten gibt es mittags und abends ein offenes Buffet zu einem sehr günstigen Preis, von dem man so viel essen kann, wie man möchte.

AUF INS VERGNÜGEN
Reykjavík zum Träumen und Entspannen

zwei jeweils einstündigen Filmen präsentiert und von Villi trocken kommentiert – wenn er nicht Vulkanausbrüche filmt.

GALERIEN

Im Zentrum Reykjavíks findet sich eine breit gefächerte Auswahl an Galerien für diverse Kunstgattungen – und über Geschmack lässt sich bekanntlich trefflich streiten. Warum sich also nicht einfach beim Flanieren durch die Stadt von den Schaufenstern und Ausstellungen überraschen lassen?

142 [F5] **Kunstgalerie Fold**, Rauðarárstígur 14–16, Tel. 5510400, myndlist.is. Die Galerie bietet eine relativ große Auswahl an Keramik, Glasobjekten, Skulpturen und Gemälden zeitgenössischer isländischer Künstler.

143 [E4] **Reykjavík Art Gallery**, Skúlagata 30, Tel. 8936653. Große Auswahl an Gemälden bereits etablierter isländischer Künstler, auch wenn zum Beispiel die Gemälde des Künstlers Tolli nicht gerade ins Handgepäck passen. Interessante Wechselausstellungen.

REYKJAVÍK ZUM TRÄUMEN UND ENTSPANNEN

Reykjavík ist eine äußerst schnell pulsierende, sich ständig neu erfindende Stadt voller Möglichkeiten und Angebote. Wer sich einmal eine Pause gönnen möchte, findet aber auch ruhige Orte zum Auftanken oder für ein paar romantische Stunden.

Ein Spaziergang in der parkähnlichen Anlage auf der östlichen Seite des **Tjörnin** [B/C4] kommt da gerade recht. Abends ist die kleine Brücke, die den Park unterteilt, mit sich ständig verändernden Farben beleuchtet. Auf den Parkbänken kann man sich ausruhen und mit Blick auf den See

▲ *Entspannung am Nauthólsvík (s. S. 116), dem Strandbad der Stadt*

und die schönen, alten Häuser auf der gegenüberliegenden Seite entspannen. Samstags ist es Tradition, dass junge Familien mit ihren Kindern zum Schwäne-, Gänse- und Entenfüttern hierher kommen.

Wer beim Entspannen auch den einen oder anderen Leckerbissen genießen möchte, dem sei das Café Paris und Thorvaldsen (s. S. 35) ans Herz gelegt. Beide verfügen über **gemütliche Terrassen am Rand des zentralen Platzes Austurvöllur** mit Blick auf das Parlamentsgebäude ❸ und den Dom ❹. Man kann es sich aber auch einfach auf der Wiese des Parlamentsplatzes gemütlich machen und die Sonne genießen.

Zum Entspannen – und in den Wintermonaten auch zur Tiefenaufwärmung – eignet sich jedoch kaum etwas besser als die **typisch isländischen „Hotpots"**. Jedes Reykjavíker Schwimmbad (s. S. 116) hat mehrere Hotpots – „heiße Töpfe" – mit angenehm bis ziemlich warmem Wasser zum Sitzen und Liegen, zum Plaudern und Schweigen und den Himmel betrachten – herrlich entspannend! Und warum danach nicht ein romantisches Dinner in einem der guten Restaurants mit schönem Ausblick? Hierfür bieten sich vor allen Dingen die Lokale Dill (s. S. 31, im Nordischen Haus), Panorama (s. S. 33, mit Ausblick auf das Meer und Teile des Hafens und der Innenstadt) und Perlan (s. S. 33, toller Rundumblick aus einer sich drehenden Glaskuppel).

Ab Mitte September bis März kann man sich bei entsprechender Wetterlage (hohe Sonnenaktivität, freier Himmel) außerdem durch das abendliche Schauspiel des **Polarlichts** (Aurora borealis) faszinieren lassen. Hierfür sucht man am besten einen Ort auf, an dem selbst wenig Licht ist (wenn möglich außerhalb der Stadt), sodass man das Himmelslicht besser sehen kann.

Außerhalb der Stadt kann man sich zum Beispiel in der **Blue Lagoon** ㉘ und im Gebiet (rund um) **Þingvellir** ㉒, das zu jeder Jahreszeit eine eigene, andere Schönheit ausstrahlt, ein paar schöne, romantische Stunden gönnen.

KURZ & KNAPP

Das Polarlicht, eine Himmelssymphonie in Tanz und Farbe

Das Polarlicht, auch **Aurora borealis** oder **Nordlicht** genannt, entsteht, wenn geladene Teilchen des Sonnenwindes in der Nähe des magnetischen Nordpols auf die Erdatmosphäre treffen und die dort vorhandenen **Luftmoleküle zum Leuchten anregen**. Am besten zu sehen ist das Nordlicht, wenn man sich außerhalb der Stadt befindet, sodass man den dunklen Nachthimmel ohne menschliche Lichteinflüsse beobachten kann. Man braucht außerdem einen klaren Himmel und Sonnenaktivität ein paar Tage zuvor. (Auf der Website www.swpc.noaa.gov/pmap/pmapN.html wird eine Prognose über die Wahrscheinlichkeit von Nordlicht gegeben.)

Wenn man Glück hat, kann man auch in Reykjavík das Nordlicht beobachten, dann aber nur auf den Fußwegen am Meer entlang (im Norden bei Sólfar ⓭ oder hinter dem Inlandsflughafen im Süden der Stadt). In Island ist das Nordlicht meist weiß, hellgrün, ampelgrün oder hellrosa und von Mitte September bis Anfang März zu sehen, denn in den übrigen Monaten wird es nicht mehr dunkel genug, um das Phänomen beobachten zu können.

AM PULS DER STADT

DAS ANTLITZ DER STADT

Reykjavík ist eine junge Stadt. Von dem Bau der ersten Höfe um das Jahr 871 bis zu einer nennenswerten Besiedlung im 18. Jh. gingen ganze 880 Jahre ins Land. Das älteste, noch stehende Haus Reykjavíks stammt aus dieser Zeit (Aðalstræti 10).

Die Stadt wie das Land aber war arm und blieb dies bis nach dem Zweiten Weltkrieg. Es gab kein Geld für Prachtbauten oder sonstigen Firlefanz, der nicht direkt dem Überleben diente. Auch die heutigen Wohnhäuser sind nach unseren mitteleuropäischen Maßstäben eher bescheiden bemessen, die Bausubstanz oft nicht die beste. So sorgt vor allem im Zentrum, dem ältesten Teil der Stadt, das Abreißen und Neuerrichten bzw. Restaurieren für fortwährenden Gesprächsstoff in der Bevölkerung und im Stadtrat.

Reykjavík hat mit ihren oft farbenfroh wellblechverkleideten Holzhäusern **ihren eigenen Charme**. Außerdem gibt es doch einige interessante architektonische Neubauten wie das Nordische Haus ⓯, die Hallgrímskirkja ⓮, das Rathaus ❺ oder die 2011 fertiggestellte Konzert- und Konferenzhalle Harpa ❿.

Seit einigen Jahrzehnten erlebt die Stadt einen wahren Boom und vergrößert sich ständig. „Hier haben wir als Kinder noch in der Lava gespielt", kann man nicht einmal besonders alte Reykjavíker mitten in einem Wohngebiet unweit des Zentrums und noch weit von der heutigen Bebauungsgrenze weg in Nostalgie schwelgen hören.

Die Bebauung der Stadt erstreckt sich vor allem nach Osten, da auf dem schmalen Landstrich beim Zentrum kaum mehr Platz ist. Diskussionspunkt ist darum schon seit Längerem der **Reykjavíker Flughafen**. Er grenzt direkt an das Zentrum und nimmt eine große Fläche in Beschlag, die manche auch gerne bebauen würden. Andererseits ist von hier aus der Rest des Landes (sowie die Färöer-Inseln und Grönland) mit dem Flugzeug schnell und komfortabel zu erreichen und es kommt vielen widersinnig vor, erst eine knappe Stunde zum internationalen Flughafen nach Keflavík zu fahren, um danach für nur eine Stunde im Flugzeug zu sitzen.

Das Stadtzentrum liegt zum Westen hin offen in einer Bucht. Der Stadt gegenüber, getrennt durch den Nordatlantik, erhebt sich **Esja – der „Tafelberg"** – über 914 m in die Höhe. An manchen Tagen meint man, man könne ihn fast berühren, wenn man seine Hand ausstreckt, an anderen

◀ *Das älteste Haus der Stadt: das Fógetahúsið, Aðalstræti 10*

◀ *Vorseite: Wer im Winter Glück hat, erlebt die besondere Stimmung der Nordlichter über der Stadt*

ISLANDS WASSER

*Die großen Vorräte an naturbelassenem, sauberem Quellwasser in Island gehören zu den größten Schätzen des Landes. Auch heißes Wasser gibt es in Hülle und Fülle, es dient als **naturschonende Energieversorgung**. Aus dem kalten Wasserhahn in Reykjavík sprudelt reines Quellwasser, das Reykjavíkern zufolge einen sehr hohen basischen pH-Wert haben soll - auf jeden Fall schmeckt es sehr gut. In Restaurants, Cafés oder öffentlichen Einrichtungen gibt es Wasser immer gratis.*

*Für Trinkwasser sollte man das Wasser eine Weile laufen lassen, bis es richtig kalt aus dem Wasserhahn kommt und das heiße Wasser aus der Leitung gespült ist. Das heiße Wasser in Reykjavík kommt aus **schwefelhaltigen Quellen** und riecht dementsprechend nach faulen Eiern. Da die Inhaltsstoffe recht aggressiv für das Leitungsnetz sind, gehen immer mehr Gemeinden dazu über, das kalte Quellwasser zu erwärmen. In Reykjavík kommt man aber noch in den Genuss der Schwefeldüfte.*

Das Wasser kommt außerdem extrem heiß aus der Leitung, weshalb man beim Duschen ohne Mischbatterie zuerst das kalte Wasser laufen lassen und das heiße Wasser dann zumischen sollte. Auch tut es gut, sich hinterher einzucremen, denn nach ein paar Tagen fühlt sich die Haut recht trocken an.

Beim Händewaschen und Duschen sollte man außerdem Schmuck aus Edelmetallen abstreifen, denn diese verfärben sich durch das warme Wasser dunkel. Die dunkle Farbe verschwindet zwar wieder, wenn man zu Hause ist, aber falls es einen stört, sollte man besser vorher darauf achten.

*Das Wasser ist außerdem **sehr weich**. Falls das eigene Apartment über eine Waschmaschine verfügt, braucht man nur eine sehr kleine Menge Waschpulver. Auch Duschgel, Seife und Haarwaschmittel reichen dadurch ziemlich lange.*

Tagen wiederum ist er durch den Nebel nicht einmal zu erahnen.

Von vielen Stellen in Reykjavík hat man Meerblick. Im Osten fließt der **Fluss Elliðaár** durch die Stadt, dessen Ufer ein beliebtes Naherholungsgebiet für Radler, Jogger und Angler ist. Unter der Stadt liegen im Zentrum Warmwasserrohre, sodass immerhin diese Straßen im Winter eisfrei bleiben. Das warme Wasser kommt aus geothermalen Feldern aus der Umgebung, die ein angenehmes Leben in diesen nördlichen Breitengraden eigentlich erst ermöglichen.

VON DEN ANFÄNGEN BIS ZUR GEGENWART

Obgleich es schon früher entdeckt wurde, wurde Island **erst im 9. Jh. nach Christus besiedelt**. Bodenuntersuchungen konnten aufgrund von Funden in Lava- und Gletschersedimenten die ersten Besiedlungen ziemlich genau auf das Jahr 871 plus/minus zwei Jahre datieren. Die ersten Siedler kamen aus Norwegen, eventuell Outlaws, die vor dem dortigen König fliehen mussten.

Außerdem gab es wohl auch einige Siedler aus britischen Wikingersiedlungen, einige Skandinavier und Iren. Die meisten der ersten Siedler, circa 400 an der Zahl, waren Männer, aber die Norweger brachten auch Sklaven und verschleppte Frauen keltischen Ursprungs mit auf die kalte Insel im Nordatlantik.

Einer dieser ersten Siedler hieß **Ingólfur Arnarson**. Als er an der Küste Islands entlang fuhr, warf er, so geht die Sage, nach alter Wikingersitte die beiden Seitenstützen seines Hochsitzes ins Wasser und an der Stelle, an der diese strandeten, erbaute er seinen Hof. Er nannte die Stelle aufgrund der vielen heißen, dampfenden Quellen „Rauchbucht" – isländisch „Reykjavík". Heute zieren die Wellen des Nordatlantiks mit der symbolhaften Darstellung der beiden Seitenstützen das Stadtwappen.

Reykjavík war fortwährend besiedelt, bis zum 18. Jh. bestand es aber nur aus wenigen Höfen. Der kooperative Zusammenschluss von 13 Isländern unter der Führung von Skúli Magnússon führte 1751 zu einer **ersten fabrikartigen Industrie für Wollverarbeitung**. Skúli gilt deshalb als Gründervater der Stadt. Am 18. August 1786 erhielt das 200 Seelen zählende Reykjavík vom dänischen König das Stadtrecht zugesprochen.

Nach Aufhebung des Handelsmonopols durch die dänischen Machthaber wurden sechs Handelszentren im Land gegründet, von denen sich allein Reykjavík ununterbrochen behaupten konnte. Somit wurde Reykjavík die **erste städtische Ansiedlung**. „Städtisch" muss man hier allerdings in Anführungszeichen setzen, kann die Stadt doch im Jahr 1800 ganze fünf Läden und 307 Einwohner vorweisen.

Bei Erdbeben (1783 und 1784) und anschließenden Hungersnöten wurden der Bischofssitz und die Lateinschule Islands in Skálholt völlig verwüstet. Daraufhin beschloss man, dass der Bischof seine Schäfchen fortan von Reykjavík aus hüten sollte. Mit dem Bischofssitz wurde auch die Lateinschule hierher verlegt, zudem kamen immer mehr politische Institutionen nach Reykjavík und so wurde die Stadt **zum politischen und gesellschaftlichen Zentrum des Landes**.

1845 übersiedelte das Alþingi, das Parlament, nach Reykjavík, auch wenn es zunächst nur beratende Funktion gegenüber der dänischen Krone hatte. Immerhin galt Reykjavík jetzt auch als **Hauptstadt der Insel**. Zu dieser Zeit wies die Stadt weniger als zehn Häuser mit mehr als einem Stockwerk auf und zählte etwas mehr als 1000 Einwohner, 1910 waren es bereits mehr als 11.000.

1944 erklärte sich Island **von Dänemark unabhängig**, das zu diesem Zeitpunkt von NS-Deutschland besetzt war. Die Schutzmacht Islands während des Zweiten Weltkriegs, die USA, brachte Geld in die Kassen der bisher bettelarmen Isländer. Der internationale Flughafen wurde gebaut und in den 1970er-Jahren die Ringstraße um die Insel fertiggestellt, die heute bis auf wenige Kilometer gänzlich asphaltiert ist. Der Kalte Krieg hält die US-Amerikaner bis zum Zusammensturz der UdSSR im Land.

Seit der zweiten Hälfte des 20. Jh. boomt die Stadt. In den letzten 60 Jahren hat sich ihre Einwohnerzahl mehr als verzehnfacht, sodass Reykjavík **heute 120.000 Einwohner** zählt. Mit den Randgemeinden zusammen kommt der Ballungsraum auf etwa 200.000 Einwohner. Das bedeutet, dass inzwischen zwei Drittel aller

AM PULS DER STADT
Von den Anfängen bis zur Gegenwart

Einwohner der Insel in Reykjavík und Umland wohnen.

In den letzten zwei Jahrzehnten des vorigen Jahrhunderts erlebte Island einen **enormen wirtschaftlichen Boom,** der 2008 mit der Verstaatlichung der drei größten Banken im Zuge der **globalen Finanzkrise** ein (vorläufig?) jähes Ende nahm. Das Banken- wie auch das politische System sollen jetzt von Grund auf erneuert werden.

871 Einer der ersten Siedler Islands, Ingólfur Arnarson, lässt sich an der von ihm so genannten „Rauchbucht" nieder und gründet damit die erste Siedlung an der Stelle, an der später Reykjavík entsteht.

930 Das Alþingi in Þingvellir wird gegründet. Es gilt als das älteste, noch aktive Parlament der Welt.

1000 Beginn der Christianisierung. Es dauert fast 300 Jahre, bis sich in Island ein Bischofssitz unangefochten etablieren kann.

1120–1350 In dieser Zeitspanne werden die großen Sagas verfasst.

1262–1380 Der norwegische König unterwirft Island.

1380–1944 Island ist Teil des dänischen Königreichs.

1552 Der dänische König zwingt die Isländer zur Reformation.

1751 Gründung der ersten Manufakturen des Landes in Reykjavík zur Wollverarbeitung unter dem Vorsitz des von den Dänen eingesetzten Landvogts Skúli Magnússon, dem ersten Isländer auf diesem Posten. Aus den hier niedergelassenen Höfen entsteht eine kleine Siedlung, die bis zu 100 Leuten Arbeit gibt. Zudem wird Fisch und Schwefel exportiert. Diese Periode beendet das sogenannte „Dunkle Zeitalter".

1784 Der Bischofssitz und die Lateinschule werden nach verheerenden Vulkanausbrüchen (1783) und Erdbeben (1784) und anschließender Hungersnot (die giftige Asche tötet die Tiere und macht die sowieso schon kargen Böden unbrauchbar) von Skálholt nach Reykjavík übersiedelt.

1786 Am 18. August erhält Reykjavík vom dänischen König das Stadtrecht.

1801 Ein Hohes Gericht wird in der Stadt eingesetzt. Es dient vor allem als Berufungsinstanz zwischen den isländischen Behörden und dem Obersten Gerichtshof in Kopenhagen.

1806 Der Gouverneur zieht von Bessastaðir nach Reykjavík um. Bessastaðir, etwas außerhalb der Stadt gelegen, war der Sitz des Gründervaters der Stadt, Skúli Magnússon, und dient heute dem Präsidenten Islands als Amtssitz und -wohnung.

1809 Erste Unabhängigkeitsbestrebungen.

1874 Zur 1000-jährigen Siedlungsfeier gewährt der dänische König Christian IX.

▶ *Statue des dänischen Königs Christian IX., der den Isländern 1874 die Verfassung überreichte*

dem isländischen Volk eine eigene Verfassung. Das Parlament hat nun begrenzte legislative Rechte, die Exekutive verbleibt jedoch in dänischer Hand. Christian IX. ist der erste dänische König, der die Insel während der mehr als 500-jährigen Herrschaft Dänemarks betritt.

1876 Die ersten Straßenlaternen zieren die Stadt. Gründung der ersten Blaskapelle Islands in Reykjavík, dem zugleich ersten Orchester des Landes. Zu diesem Zeitpunkt existieren in Reykjavík sieben Klaviere.

1886 Gründung der Nationalbank. Die Straße, an der die Landsbanki Íslands liegt, wird Bankastræti getauft.

1888 Eine englische Firma bietet an, elektrische Straßenlaternen in der Stadt zu installieren. Die Bürgerväter lehnen dies aber als „Humbug" ab.

1904 Gründung einer zweiten Bank, der Íslandsbanki, die zwischenzeitlich Glitnir heißt. Anfang 2009 erhält sie im Zuge des finanziellen Kollapses und der darauffolgenden Verstaatlichung ihren alten Namen wieder.

1911 Gründung der Háskoli Íslands, der ersten Universität des Landes.

1914–1918 Island bleibt während des Ersten Weltkriegs neutral.

1915 Frauen über 40 erhalten das Wahlrecht, ab 1920 auch alle volljährigen Frauen.

1940 Im April wird Dänemark von deutschen Truppen besetzt. Island verhält sich als Teil Dänemarks neutral, auch nachdem die Briten militärischen Schutz anbieten. Letzteren wird es zehn Tage nach der Besetzung Dänemarks durch Nazideutschland zu bunt, die britische Marine besetzt Island. Niemand wehrt sich – wie auch, selbst heute noch hat Island keine Armee. Außerdem sind fast alle Isländer froh darüber, dass die Briten den Wettlauf um die strategisch wichtige Insel zwischen Europa und Amerika (Brückenkopf für die Schifffahrt, U-Boote und Flugzeuge) gegen NS-Deutschland für sich entschieden haben.

1941 Die amerikanischen Streitkräfte übernehmen am 7. Juli die Schutzfunktion Islands von ihren britischen Kollegen, also noch vor dem Eintritt der USA in den Zweiten Weltkrieg. Nach 25.000 britischen sind nun 60.000 US-amerikanische Soldaten auf der Insel stationiert. Reykjavík zählt zu diesem Zeitpunkt lediglich 39.000 Einwohner.

1944 Island erklärt sich von dem zu diesem Zeitpunkt unter deutscher Besatzung stehenden Dänemark unabhängig und ruft am 17. Juni die Republik Island aus. Der 17. Juni ist der Geburtstag Jón Sigurðssons (1811–1879), eines Philologen und Politikers, der im 19. Jh. vehement und mit viel Geschick für die Unabhängigkeit Islands gegenüber den Dänen auftrat. Da er sowohl Vorsitzender der Literarischen Vereinigung Islands als auch Vorsitzender des Alþingi war, wurde er zu Lebzeiten „Präsident" genannt.

1949 Island wird trotz ungewöhnlich heftiger Demonstrationen Gründungsmitglied der NATO.

AM PULS DER STADT
Von den Anfängen bis zur Gegenwart

1950–1975 Island, stark abhängig vom Fischfang, erweitert seine Fischgründe nacheinander auf schließlich 200 Seemeilen außerhalb der Insel. Dies führt zu drei sogenannten „Kabeljaukriegen" mit britischen Trawlern, die sich zunächst nicht an die neuen Grenzen halten. 1976 wird schließlich ein Abkommen getroffen, das den Isländern die Fischereirechte an der 200-Meilen-Zone einräumt. Die Fischereirechte sind noch immer der vielleicht wichtigste Hinderungsgrund für den Beitritt Islands zur EU. Die Fischer haben weiterhin eine außerordentlich große Lobby in Parlament und Regierung.

1972 Das bekannteste Schachspiel der Weltgeschichte findet in Reykjavík statt: Der Weltmeister aus der UdSSR, Boris Spasky, wird herausgefordert vom US-Amerikaner Bobby Fischer. Fischer erscheint mit einer Woche Verspätung, am ersten Spieltag schließlich mit einer Stunde Verspätung. Am zweiten Spieltag erscheint er gar nicht. Er fordert, dass die TV-Kameras, die seiner Meinung nach zu nahe am Spieltisch stehen, abgebaut werden müssen und dass das Match in einem kleinen Nebensaal ohne Zuschauer gespielt werden soll. Mit seinen Psychospielchen setzt sich Fischer gegen seinen Opponenten, der als Schachmaschine gilt, durch und gewinnt. Er ist der erste amerikanische Schachweltmeister. Diese Weltmeisterschaftspartie wird nicht nur als „einfaches" Schachspiel gesehen, sondern als eine Fortsetzung des Kalten Krieges mit anderen Mitteln.

1986 Der Anfang vom Ende des Kalten Krieges zwischen den Supermächten USA und UdSSR findet, auf Einladung der weltweit ersten weiblichen demokratisch gewählten Präsidentin eines Landes, Vigdís Finnbogadóttir, im Haus Höfði bei Reykjavík statt. In der geografischen Mitte der beiden Staaten treffen sich der amerikanische Präsident Ronald Reagan und der sowjetische Generalsekretär Michail Gorbatschow nach dem atomaren Rüstungswahn der frühen 1980er-Jahre zu einem Spitzengespräch über Abrüstung. Beide verlassen die Gespräche im Übrigen ziemlich enttäuscht – ihnen ist beiden zum damaligen Zeitpunkt nicht bewusst, dass die Welt nach diesen Gesprächen nie mehr die gleiche sein wird.

2008 Nach einem unglaublichen Wirtschaftswachstum in den vergangenen zwei Jahrzehnten zeigt der Boom erste Risse, die isländische Krone verliert im Zuge der Immobilienkrise in den USA an Wert. Aus der Immobilien- wird eine globale Finanzkrise mit dramatischen Folgen, auch und gerade für den kleinen Staat Island. Am 6. Oktober scheint der wirtschaftliche Zusammenbruch nahe: Mit Glitnir wird die erste Bank verstaatlicht, Landsbankinn und Kaupþing folgen kurz danach. Somit sind die drei größten Banken des Landes in der Hand des Staates. Die Krone fällt, bis sie im Vergleich zum Euro fast nur noch halb so viel wert ist wie zu Jahresbeginn.

2009 Nach zunächst friedlichen Demonstrationen aufgrund der Banken- und dann schließlich Finanzkrise jeden Samstagmittag entwickeln sich die Demos zunehmend unisländisch aggressiv. Den Isländern wird bewusst, dass sie wohl jahrzehntelang dafür werden büßen müssen, dass ein paar Unersättliche mit windigen Geschäften letztendlich das ganze Land in den Ruin getrieben haben. Im Januar halten die Proteste schließlich Tag und Nacht an. Zum ersten Mal seit 1949 (den Demos gegen die Teilnahme an der NATO) setzt die Polizei Tränengas ein.

◀ *Grab des Nationalhelden Jón Sigurðsson auf dem Hólavallagarður-Friedhof westlich des Tjörnin*

Die Regierung beugt sich schließlich dem Druck der Straße und tritt zurück. Auch der Leiter der Zentralbank muss schließlich seinen Hut nehmen. Eine Minderheitsregierung aus Sozialdemokraten und Grünen bildet zunächst eine Übergangsregierung, in den vorgezogenen Neuwahlen im April erhält sie die Mehrheit im Parlament.

2011 Die Finanzkrise hat viele Betriebe zur Schließung oder zu Entlassungen gezwungen. Viele Einwohner sind über beide Ohren verschuldet und haben das Vertrauen in die Regierung verloren. Doch es gibt erste Zeichen einer wirtschaftlichen Erholung. Neue Firmen mit kreativen Geschäftsideen werden gegründet. Statt sich auf die Jagd nach dem schnellen Geld zu begeben, besinnt die Bevölkerung sich auf traditionelle isländische Werte.

> **KURZ & KNAPP**
>
> **Fensterwetter**
> Wunderschönes Wetter in Reykjavík: Es ist kalt, die Sonne scheint, der Wind weht. Nichts wie raus, denkt man sich, und dieses wunderschöne Wetter genießen. Draußen stellt man dann fest, dass der Wind einem die Kälte regelrecht ins Gesicht schneidet und die Augen unmittelbar zu tränen beginnen. Also wieder rein in die gute, beheizte Stube und mit einem Heißgetränk in den Händen das Wetter vom Fenster aus genießen. „Fensterwetter" nennen das die Isländer.

LEBEN IN DER STADT

LEBEN IM HOHEN NORDEN

Reykjavík ist die **nördlichste Hauptstadt der Welt.** Kein Wunder, liegt sie doch mit 64° nördlicher Breite nur knapp unter dem Polarkreis (bei 66°33). Demzufolge ist das **Wetter eines der beliebtesten Gesprächsthemen** unter Isländern – gleichzeitig aber auch wieder eines der überflüssigsten, da sich die klimatischen Bedingungen sowieso alle paar Minuten ändern. Man kann bei schönstem Sonnenschein die zwei Minuten zum Bäcker laufen und im strömenden Regen und klatschnass wieder zu Hause ankommen. An ein und demselben Tag ist alles möglich: Sonnenschein, Regen, Hagel, Schnee und gratis dazu auch noch ein kräftiger Sturm. Daher gilt die Grundregel: Mehrschichtig kleiden! Unterschicht (T-Shirt oder Thermoshirt), Mittelschicht (warm, langärmelig) und Oberschicht gegen Wind und Regen anlegen sowie immer etwas für den Kopf mitnehmen.

Aufgrund der niedrigeren Luftfeuchtigkeit muss man sich auch bei -10°C noch nicht unbedingt außerhalb der persönlichen Komfortzone fühlen. Was den Aufenthalt im Freien – außer eventuellem Regen – wirklich unangenehm werden lässt, ist oftmals der **Wind.** Und dann ist eine winddichte Bekleidung ein Muss, auch im Sommer. Reykjavík liegt näher am nördlichen Wendekreis als am Äquator, darum gilt ganz einfach: Es gibt kein schlechtes Wetter, nur schlechte Kleidung.

Wie auch immer sich das Wetter darstellt, einen Besuch im Schwimmbad lassen sich die Isländer nicht nehmen – Schwimmbad bedeutet hier wohlgemerkt Freibad. Die **Badekultur** ist Teil des Alltags. Viele Isländer suchen täglich oder doch

▶ *Im Freibad fühlen sich die Isländer bei jedem Wetter und jeder Temperatur wohl*

wenigstens einige Male pro Woche eines der vielen Bäder auf, die es selbstverständlich auch in der Hauptstadt gibt. Das Bad ist vor allem auch ein **gesellschaftlicher Treffpunkt**, hier tauscht man Neuigkeiten aus und diskutiert die politische Lage. Jedes Schwimmbad hat sowohl einen Pool zum Schwimmen als auch sogenannte *Hotpots* – heiße Töpfe –, in denen man sich im zwischen 38 und 44 °C heißen Wasser aufwärmen kann.

Wenn man es erst mal geschafft hat, die paar Meter von den Duschkabinen hinaus durchs Freie bis ins Wasser zu kommen, merkt man, wie angenehm es sein kann, **auch bei Minustemperaturen** seine Bahnen zu schwimmen. (Man sollte bei Frost allerdings darauf achten, dass man sich nicht an Metallgeländern festhält, auch wenn der Boden vereist ist, denn schnell kann einem die Hand am Metall festfrieren!) Unser persönlicher Badetemperaturrekord bislang liegt bei -12 °C und es hat noch immer Spaß gemacht, im warmen Wasser zu schwimmen. Der Dampf über dem Wasser hält übrigens auch den Kopf einigermaßen warm. Entspannt man sich danach noch in einem *Hotpot*, kann man den Rückweg innerlich gut aufgewärmt antreten.

Sowieso lässt sich der Isländer/die Isländerin vom Wetter nicht so leicht aus dem Rhythmus bringen. Was man bei uns als Schneesturm bezeichnen würde, gilt hier vielleicht als lästig, aber dann zieht man halt eine Kapuze über den Kopf. Die Straße ist vereist und/oder schneebedeckt? Na ja, dann muss man eben aufpassen. Das Auto lässt man deshalb aber nicht stehen. In wohl keinem anderen Land gibt es **so viele Jeeps und allradangetriebene Autos** pro Kopf wie in Island. Die brauchen zwar mehr Sprit, bringen einen aber auch in rauem Klima meist dahin, wo man hin will. Auch die kleinsten Strecken legen Isländer

mit dem Auto zurück – man weiß ja schließlich nie, wie sich das Wetter in einer halben Stunde darstellt.

Trotzdem dreht sich das Leben der Isländer sehr um die sie umgebende Natur und ihre wetterbedingten Einflüsse. **Man lebt hier mit der Natur, nicht gegen sie.** Die Natur gibt die Grenzen an und der Mensch hat sie zu respektieren. Nicht mehr so häufig wie früher, aber noch immer passiert es, dass Leute auf Wanderungen vom Nebel überrascht werden, wortwörtlich ihre eigene Hand vor Augen nicht mehr sehen können und nicht mehr aufgefunden werden. Der dichte Nebel hat sie verschluckt, durch einen Fehltritt wurde ihnen eine Lava- oder Gletscherspalte zum Verhängnis.

Den dramatischen **Klimawandel** kann man in Island unmittelbar mit eigenen Augen beobachten: Das Schrumpfen der Gletscher, die wärmeren Sommer – seit ein paar Jahren gibt es sogar Wespen auf der Insel – und Winter – es fällt deutlich weniger Schnee – sprechen Bände.

ISLÄNDER

Man arrangiert sich mit der Urkraft, geht aber auch seinen eigenen Weg. Isländer können **stur und eigensinnig** sein, eine Charaktereigenschaft, die ihnen wohl auch das (Über-)Leben auf der unwirtlichen Insel erst ermöglicht hat, insbesondere in kälteren Zeiten als den heutigen. Wie das isländische Pferd, das es sich nicht anmerken lässt, wenn der Pfad unwegsam ist, es stark regnet und der Wind laut pfeift, sondern stoisch seine Arbeit tut, so lassen sich auch die Isländer nur äußerst wenig anmerken.

Nicht klagen, sondern arbeiten – so lautet die Devise. Und so behaupten auch böse Zungen, dass sich die isländische Sprache seit der Besiedlung nur deshalb kaum verändert hat, weil die Inselbewohner so wortkarg sind. Tatsächlich kann es vorkommen, dass die **Kommunikation** minutenlang einfach nur aus mehreren, in einigem zeitlichen Abstand erfolgenden „Jau-ja", beantwortet von einem Schweigen, besteht. Aufgrund solcher Gespräche würde man kaum erwarten, dass gute Geschichtenerzähler auf Island schon immer sehr angesehene Leute waren.

Es verwundert daher nicht, dass Isländer, wenn sie sich z. B. durch eine Menge zur Kasse durcharbeiten wollen, nicht fragen, ob man sie vorbei lässt, sondern die anderen mehr oder weniger sanft beiseite schubsen. Dies ist keineswegs persönlich gemeint, sondern die Landesart, sich seinen Weg zu bahnen. **Menschenansammlungen** ist man auf der dünn besiedelten Insel **nicht gewohnt.**

Das gilt im Übrigen auch fürs Vorausplanen. Ein überschaubares Zeitfenster für Isländer ist ein Tag bis eine halbe Stunde vorher. Es macht schlicht keinen Sinn, Absprachen über einen längeren Zeitraum hinaus zu planen. Isländer mögen es einfach nicht, sich festlegen zu müssen. Die gute Seite: Es gibt **immer Raum für Spontaneität** und so wird der Tag – mitunter auch die Nacht – nie langweilig. Diese Spontaneität ermöglicht es Isländern im Privaten wie auch im Geschäftsleben, schnell zu schalten, anstatt (zu) lange über etwas nachzudenken. Die Wege auf der Insel sind kurz, Entscheidungen schnell getroffen – und wieder zurückgenommen.

Reykjavík ist nicht nur die politische Hauptstadt des Landes, sondern auch die kulturelle. Das ganze Jahr über gibt es ein unglaublich **lebhaftes und breit gefächertes kulturelles**

AM PULS DER STADT
Leben in der Stadt

Angebot in allen möglichen Sparten. Diese blühenden kulturellen Landschaften sind auch deshalb möglich, weil die Isländer an sich ein **neugieriges Volk** sind. Sie lassen sich gerne inspirieren, suchen nach neuen Impulsen, möchten direkt am Puls der Zeit sein. Man geht gerne auf Konzerte und besucht Galerien und Museen. Außerdem trifft man dort bestimmt auch ein paar Freunde, mit denen man sich auch sogleich über die neuesten Romane austauschen kann. Im internationalen Vergleich wird auf der Insel viel gelesen, noch immer ist das klassische Weihnachtsgeschenk ein Buch. Tja, die langen, dunklen Winter ...

Nicht nur das Isländische Symphonieorchester genießt international hohes Ansehen. Björk, die Band Sigur Rós, Filmmusiker Hilmar Örn Hilmarsson und die Sängerin Emilíana Torrini sind nur die bekanntesten Exponenten einer ungemein **dynamischen Szene junger und junggebliebener Musiker** in der Stadt.

Manchmal behaupten die Isländer von sich selbst, dass sie eher „Papierwikinger" als kriegerische Horden waren (was im Übrigen auch stimmt). **Die Sprache und die Literatur,** allen voran die Sagen der Edda **formen das nationale Bewusstsein** und die Identität der Isländer. Und so ist man auch kollektiv ungemein stolz, mit Halldór Laxness (1902–1998) einen Nobelpreisträger für Literatur sein kulturelles Eigen nennen zu dürfen.

Das kann man auch umso mehr sein, als die Isländer doch **über höchstens sechs Ecken miteinander**

▲ *An Feiertagen zeigen sich auch junge Leute gern in Volkstracht*

> **HÖRTIPP**
>
> **Sound))trip Iceland**
> Der Audio-Sampler „Soundtrip Iceland" aus dem REISE KNOW-HOW Verlag lädt ein zu einer musikalischen Entdeckungsreise, die einen authentischen, aktuellen und trotzdem zeitlosen Eindruck abseits ausgetretener Mainstreampfade bietet (s. S. 129).

verwandt sind. Die abgeschiedene Lage der Insel begrenzte den Genpool im Laufe der Jahrhunderte doch erheblich. (Ausnahmen waren da vor allem Schiffbrüchige, die aus der Not eine Tugend machten und die Frauen der über Wochen ausfahrenden Fischer trösteten.) So ist in Island die am häufigsten vorkommende Blutgruppe nicht wie im übrigen Europa „A", sondern „O". Die geringe Einwohnerzahl und der daraus resultierende dichte Verwandtschaftsgrad sind wohl auch die Ursache dafür, dass Isländer zumeist genau nachfragen, wen man denn noch so getroffen hat – und der Grund, warum man sich lieber nicht allzu ausführlich über andere auslässt, Politiker ausgenommen. Auf die wird, wie in jedem anderen Land auch, zuweilen kräftig geschimpft.

Isländer besitzen noch ein **gesundes Maß an Gutgläubigkeit**, das uns Festlandeuropäern größtenteils abhanden gekommen ist. Man vertraut dem Wort des anderen und geht vom Guten aus. In den Läden wird man darum nicht gleich als potenzieller Dieb angesehen, was der Atmosphäre in der Stadt deutlich zugute kommt. Man gibt dem anderen Raum für seine Entscheidung und respektiert sie. Fühlt man sich einmal auf den Schlips getreten oder ist man bezüglich einer Entscheidung doch uneins, dann ruft man denjenigen einfach an und stellt die Dinge klar. In Island gibt es kaum ein Gefühl für Hierarchie, jeder ist gleich. Und wenn einer denkt, er sei gleicher, bekommt er das ziemlich schnell zu spüren.

Der Freitag- und Samstagabend zeichnet sich vor allem in der Innenstadt durch Partygänger aus, hier öffnet sich jede Woche aufs Neue das unter Arbeits- und Leistungsdruck stehende Ventil. Reykjavíker haben oft mehr als einen Job, um ihren Lebensunterhalt zu verdienen oder um sich mehr Luxus leisten zu können. Zudem **gilt es als Tugend, viel zu arbeiten.** Die unter der Woche aufgestaute Anspannung muss am Wochenende raus – oftmals ist das wörtlich zu nehmen: Der **Alkoholverbrauch bzw. häufig -missbrauch** in diesen Nächten ist erheblich. Noch vor Mitternacht, bevor es in den übervollen Klubs und Kneipen der Innenstadt erst so richtig losgeht, sieht man die ersten Schnapsleichen auf der Laugavegur torkeln oder liegen. Diejenigen, die mehr vertragen oder besser dosieren, halten es bis morgens um sechs oder sieben aus. Es gilt übrigens ein Null-Toleranz-Auftreten der Polizei. Wer sich aggressiv verhält oder daneben benimmt, verbringt den Rest der Nacht alleine im Gewahrsam der Freunde und Helfer.

Die Reykjavíker haben oftmals eine Art **Hassliebe zu ihrer Stadt**. Sie finden sie nicht besonders schön und zu klein. „Man trifft ja doch immer die gleichen Leute, man kann nichts ungesehen unternehmen, jeder weiß doch gleich, was man gemacht hat", beschweren sie sich. Auf der anderen Seite lieben sie ihre Stadt aber auch und sind stolz auf sie, stolz darauf, dass ihre Vorfahren es geschafft haben, hier zu überleben und eine Stadt aufzubauen. Stolz darauf, dass man diese Stadt „auf die Landkarte dieser Welt" gesetzt hat, dass man von der Welt anerkannt wird und nicht nur unbemerkt im Nordatlantik dahindümpelt. Es herrscht ein **Wir-Gefühl**, das eine Zusammengehörigkeit untereinander schafft.

ELFEN UND TROLLE

Die Frage, ob man schon einmal **Naturgeister** wie Elfen oder Trolle gesehen hat, wird von Isländern anfangs meist ausweichend beantwortet. „Tja, ich selbst nicht, aber meine Großmutter hat mir immer erzählt ..." oder „Ich nicht, aber ich kenne jemanden, der hat mal Hilfe bekommen von einer Elfenfrau." Isländer verhalten sich tendenziell zurückhaltend beim Beantworten dieser Frage und sind sie oft auch leid. Merken sie aber, dass man nicht nur aus Sensationsgier fragt, sondern tatsächlich interessiert ist, bekommt man vielleicht auch ein wenig mehr darüber zu hören und der eine oder andere wird zugeben, schon einmal in Kontakt mit Elfen gestanden zu haben.

Das Thema Naturwesen **spaltet die Nation**. Die einen tun es schlicht und ergreifend als Humbug ab, die anderen halten zumindest die Möglichkeit offen, dass es solche Wesen gibt. Und wiederum andere sind sich ihrer Existenz sicher, da sie mit ihnen in Kontakt stehen. Die bekannteste Vetrerin der letztgenannten ist sicherlich Erla Stefánsdóttir. Eigentlich ist sie Klavierlehrerin, aber da sie in ständiger Kommunikation mit Naturwesen steht, wird sie immer wieder von Leuten und Instanzen um Ratschläge gebeten. So hat sie für den Ort Hafnarfjörður südlich von Reykjavík eine Karte mit Orten in der Stadt erstellt, an denen Elfen leben. (Eine offizielle Elfenbeauftragte des isländischen Staates ist sie übrigens nicht. Das wurde von einem Journalisten erfunden und bereitwillig aufgegriffen. Diese Funktion existiert aber nicht und hat es auch nie gegeben.)

KURZ & KNAPP

Naturwesen: Elfen und Trolle

Unter dem Begriff **„Naturwesen"** versteht man Geschöpfe, die in ihren eigenen Dimensionen, in einer Parallelwelt zu den vier uns bekannten Dimensionen aus Raum und Zeit leben. Manche von ihnen sollen ab und an den Kontakt mit unseren Sphären suchen, nur dann ist es möglich, sie wahrzunehmen oder mit ihnen in Kontakt zu treten. Elfen und Trolle sind die beiden bekanntesten Vertreter der Naturwesen.

Elfen gelten als den Menschen wohlgesonnen, sind dies aber vor allem dann nicht, wenn man sie stört. Es gibt richtige Elfenstädte, sogar Elfenuniversitäten und -kirchen. Elfen leben in Felsen, verlassen diese manchmal aber auch. Menschen haben meist als Kinder (vor der Pubertät) Kontakt mit Elfen. Manchmal kommen Elfenkinder und spielen mit Menschenkindern, nehmen sie mit in den Felsen und begleiten sie abends wieder nach Hause.

Trolle sind eher unangenehme Wesen, denen man lieber nicht begegnen will. Auch sie leben in Felsen, können diese aber nur nachts verlassen. Sind sie beim ersten Sonnenstrahl noch nicht zurück im Felsen, verwandeln sie sich zu Stein. Und wenn man außerhalb der Stadt durch die Natur fährt, kann man einige Gesichter und Figuren von Trollen an den Felsen erkennen, die dieses Schicksal erlitten haben.

Es existieren in Island tatsächlich Straßen, die umgeleitet, oder Gebäude, die an anderer Stelle errichtet worden sind, weil man annahm, dass in den Felsen, die man dafür sprengen oder wegschaffen müsste, Elfen wohnen. In Kópavogur gleich neben Reykjavík musste die sogenannte Álfhólsvegur (Elfhügelstraße) bis auf eine Spur verengt werden, da in den an die Straße angrenzenden Felsen Elfenfamilien ihr Zuhause haben sollen. Und da viele Isländer befürchten, dass es unangenehme Folgen haben kann, wenn man die Elfen nicht respektiert, hat man sich gerne auf dieses kleine Verkehrshindernis eingelassen. Tatsächlich sind Geschehnisse dokumentiert, wie Baumaschinen nacheinander kaputtgingen, die sich an vermeintlichen Elfenbehausungen (also Steinformationen) vergingen, oder Menschen körperlich oder psychisch krank wurden, die in Häusern auf vermuteten Elfensteinen wohnten. Man sollte es sich also nicht mit den Elfen verscherzen.

GERMANISCHE GÖTTER – DIE ASENGLAUBENSGEMEINSCHAFT

Seit Mitte der 1970er-Jahre ist die Asenglaubensgemeinschaft eine anerkannte Religionsgemeinschaft in Island. Verehrt werden nicht nur die Asen, das jüngere und zentrale Göttergeschlecht der nordischen Mythologie, sondern auch andere nordische Götter wie die Schutzgötter des Landes, Riesen, Wanen, Elfen und Zwerge. Die Schriften der Älteren und Jüngeren Edda bilden heute die Grundlage zur Ausübung des Asenglaubens. Sie geben wichtige Informationen über das isländische und germanische Heidentum sowie darüber, wie die Götter in alten Zeiten verehrt wurden.

Als anerkannte Glaubensgemeinschaft können die Priester, „Goden" genannt, und das Oberhaupt der Gemeinschaft, der „Hochgode", Namensgebungen, Eheschließungen und Beerdigungen durchführen. Inzwischen zählt die Gemeinschaft über 1000 Mitglieder. Die Glaubensgemeinschaft steht allen offen und beruht im Kern auf der Achtung der Natur und alles Lebendigen, auf Toleranz, Ehrlichkeit und Aufrichtigkeit. Der Mensch ist verantwortlich für sein Leben und sein Handeln. Der Asenglaube ist ein sehr offener Glaube, in dem über die angegebenen Prinzipien hinaus allen freisteht, ihren Glauben nach den eigenen Vorstellungen auszugestalten. In Island kann der Glaubensgemeinschaft beitreten, wer über 16 Jahre alt ist und seinen Wohnsitz in Island hat.

Seit 2003 ist Hilmar Örn Hilmarsson der Hochgode der Glaubensgemeinschaft. Manch einer kennt den Namen vielleicht aus dem Plattenschrank, denn Hilmarsson ist auch ein bekannter Komponist und Musiker, der für mehrere Kinofilme die Musik komponierte. Die wichtigsten Feste im Jahreskreis („Blót") sind die Feier der Wintersonnenwende, des ersten Sommertags (s. S. 15), Mittsommer (Sommersonnenwende) und des ersten Wintertags.

› *www.asatru.is*
› *Tipp: Auf www.visitreykjavik.is (unter „Experience Reykjavík"/ „Podcasts") gibts einen englischen Podcast („The Neighbourhood of the Gods"), der durch das nordische Götterviertel führt, wobei Geschichten zum Leben und Sterben der Götter erzählt werden.*

AM PULS DER STADT
Finanzkrise und Neubeginn

FINANZKRISE UND NEUBEGINN

Im September 2008 fing es für (fast) alle völlig überraschend an: Nachdem sie jahrelang als eine der stärksten Währungen überhaupt galt und ihr Höhenflug kein Ende zu nehmen schien, wurde die **Isländische Krone** auf einmal fast jeden Tag ein Stückchen weniger wert. Aus den Stückchen wurden ziemlich schnell große Brocken. Zeitgleich mit der Unruhe im Land stiegen die Preise, da es mit einer schwächeren Krone teurer wurde, Waren zu importieren. Aber man hoffte noch darauf, dass es sich nur um ein kurzes Zwischentief handeln und dass sich die eigene Währung bald wieder erholen würde. Der Sturz der Krone ging jedoch unaufhaltsam weiter und als am 6. Oktober die **erste Bank durch Verstaatlichung vom Untergang gerettet** werden musste, war auch dem letzten Insulaner klar, dass diese Entwicklung für alle Einwohner der Insel kurz- wie langfristig unerfreuliche Konsequenzen haben würde.

Dabei wurden erst in den 1980er-Jahren die Banken Islands privatisiert. Hieraus entstanden drei große Banken: Glitnir, Landsbankinn und Kaupþing. Die drei neuen privaten Eigentümer **gewährten sich gegenseitig immer wieder großzügige Kredite** – man könnte dies auch ein groß angelegtes Pyramidenspiel nennen. Solange die Wirtschaft florierte und jeder daran glaubte, dass der andere ihm sein Geld auch wieder zurückbezahlen könnte, ging alles gut. Ein paar steinreiche Isländer investierten

▲ *Die Isländer, kreative Demonstranten, sind wütend über die Bereicherung einiger Weniger*

AM PULS DER STADT
Finanzkrise und Neubeginn

im Ausland munter drauf los, vor allem in Skandinavien und Großbritannien. Supermarktketten, Modefirmen, der Fußballklub West Ham United – keine Branche schien mehr vor ihrer Investitionswut sicher.

Aber mit dem **Abflauen der Weltwirtschaft** wurde es schwieriger, all diese Investitionen weiter zu finanzieren und die Kredite zurückzuzahlen. Um neues Geld zu akquirieren, gründeten die Banken Tochterfirmen im europäischen Ausland, die mit hohen Zinsversprechungen für Sparguthaben liquide Kunden anlockten. Das Konzept schien zunächst aufzugehen, doch die Wirtschaftslage verschlechterte sich stetig. Als man schließlich die gegenseitigen Kredite nicht mehr zurückbezahlen konnte, kam es zu einem schweren wirtschaftlichen Erdbeben, das nicht nur die ökonomischen, sondern **auch die politischen und gesellschaftlichen Strukturen schwer erschüttert hat.**

Isländische Firmen im In- und Ausland können ihre Schulden nicht mehr begleichen, die ausländischen Tochterbanken können ihren Sparern (Privatleute, aber auch Stiftungen, Städte und Kommunen vor allem in Großbritannien, Skandinavien, den Niederlanden und Deutschland) deren Einlagen und Zinsen nicht mehr (zurück-)bezahlen. Letztlich muss der isländische Steuerzahler für das Verschulden einiger weniger Reicher aufkommen. Jeden Tag wurden und werden neue Fakten in den Zeitungen enthüllt, auch darüber, wie die Superreichen noch Tage vor dem großen Kollaps ihr eigenes Geld ins Ausland geschleust haben. Der **bis dahin intakte Glaube an eine Selbstregulierung** in einem Land mit wenigen Einwohnern, in dem fast jeder jeden kennt, ist wohl ein für alle Mal dahin.

Seit Beginn der Krise wurde jede Menge dreckiger Wäsche gewaschen, jeder gab dem anderen die Schuld. Doch die Leute waren es leid: Ihre Einkäufe wurden teurer, viele haben ihren Job verloren, Hausbesitzer können ihre Hypotheken nicht mehr bezahlen. (Viele Isländer hatten ihre Hypotheken teilweise in anderen Währungen abgeschlossen. Das war einige Zeit recht günstig, geriet aber durch die Kurstalfahrt der Isländischen Krone zu einer unbezahlbaren Angelegenheit.) Der **Ruf nach einem Regierungsrücktritt** wurde laut und mit **samstäglichen Demonstrationen vor dem Parlamentsgebäude** seit Dezember 2008 unterstrichen. Aber es geschah nicht wirklich etwas.

Dann dauerten die Demos länger an, schließlich wurde jeden Tag und rund um die Uhr vor dem Parlament

◀ *Das Corpus Delicti: die isländische Krone*

▶ *Mit dem Rücken zur Wand: Polizisten beschützen das Parlamentsgebäude*

AM PULS DER STADT
Finanzkrise und Neubeginn

demonstriert, wobei die **Stimmung – für Isländer untypisch – zunehmend aggressiv** wurde: Parkbänke gingen in Flammen auf, Farbbeutel und Gegenstände flogen durch die Luft, die Polizei setzte zum ersten Mal seit den 1950er-Jahren Pfefferspray ein. Im Februar schließlich beugte sich die Regierung aus Konservativen und Sozialdemokraten unter der Führung des konservativen Premiers Geir Haarde dem Druck der Öffentlichkeit, trat zurück und ermöglichte so Neuwahlen (Ende April 2009.) Der Zentralbankchef, der Vorgänger Haardes als Premier und beileibe kein Wirtschaftswissenschaftler, stellte sich noch etwas länger taub, musste aber einige Wochen später ebenfalls seinen Hut nehmen.

Die **Übergangsregierung** wurde von den Sozialdemokraten und den Grünen unter dem Vorsitz Jóhanna Sigurðardóttirs gebildet. Die **vorgezogene Neuwahl** bestätigte die Übergangsregierung im Amt. Vor allem die Grünen als bisher reine Oppositionspartei, die noch nicht von der Macht kontaminiert schien, hatten Wähler hinzugewonnen. Die Regierung hatte versprochen, mit der Klüngelei aufzuräumen und in Zukunft fachlich begabte Leute auf Posten zu setzen, anstatt irgendwelchen Bekannten Gefälligkeiten zu erweisen. (Die konservative Partei, die „blaue Hand" genannt, war seit dem Zweiten Weltkrieg fast die gesamte Zeit an der Regierung und in den letzten anderthalb Jahrzehnten stellte sie als größte Partei ohne Unterbrechung auch den Premier.) Und tatsächlich wurde beispielsweise ein norwegischer Wirtschaftsfachmann an die Spitze der Zentralbank gestellt. Die neue Regierung hat sich viel vorgenommen und

AM PULS DER STADT
Finanzkrise und Neubeginn

einen Punkteplan vorgestellt, aber die nächsten Jahre werden nicht einfach, da die nationale Politik – zumal ohne Geld – nur über eng begrenzte Handlungsspielräume verfügt. So verwunderte es nicht, dass die neue Regierung, kaum im Amt, Steuererhöhungen für Treibstoff, Alkohol, Tabak und Zucker ankündigte.

Mit der Krise und den Neuwahlen hat sich auch eine schon seit Langem im Raum stehende Frage in den Vordergrund gedrängt: **Soll Island der EU beitreten oder nicht?** Manche versprechen sich davon, dass man die Wirtschafts- und Finanzkrise als EU-Mitglied leichter meistern kann, und würden am liebsten auch gleich den scheinbar stabilen Euro einführen. Andere, insbesondere die mächtige Lobby der Fischer, befürchten, dass ihnen Rechte und Einkünfte beschnitten werden. Das Regierungslager ist ebenfalls gespalten, die Sozialdemokraten sind für einen Beitritt, die Grünen dagegen. Nachdem man sich darauf einigen konnte, dass man in diesem Punkt nicht übereinstimmt, wurden die **Beitrittsverhandlungen mit der EU** aufgenommen.

Die Hoffnung, dass die **neue Regierung** frischen Wind in die Politik bringen würde, hat inzwischen einer allgemeinen Ernüchterung Platz gemacht. Wohl auch, weil es bis zum Herbst 2010 gedauert hat, bis auch für Außenstehende die ersten Ergebnisse der **Sonderkommission zur Finanzkrise** sichtbar waren, als die ersten Anklagen gegen Bankeigentümer zugestellt wurden.

Dennoch sind viele Isländer der Meinung, dass die Krise auch ihr Gutes hatte, da grundsätzliche Schwachstellen des Systems aufgedeckt wurden und sich jetzt die Chance bietet, neue Wege einzuschlagen.

Die Wirtschaft erholt sich langsam, die **Inflationsrate** ist auf ein erträgliches Niveau gesunken und die Isländer haben ihr eigenes Land wiederentdeckt. War es bis 2007 vollkommen gebräuchlich, mehrere Male im Jahr in den Urlaub oder kurz zum Shoppen nach London oder New York zu fliegen, und musste das Haus jedes Jahr neu gestylt werden, scheinen die Isländer sich momentan wieder auf die **eigene Insel zu besinnen** und mehr Bescheidenheit an den Tag zu legen. Viele Isländer machen wieder Urlaub im eigenen Land, es liegt im Trend, isländische Produkte zu kaufen, und auch isländisches Design befindet sich im Aufwind.

REYKJAVÍK ENTDECKEN

ALTE INNENSTADT

Dies ist der für Besucher wichtigste Teil der Stadt, da hier interessante Sehenswürdigkeiten, die meisten Museen und die reizvollsten Geschäfte liegen. Alles liegt dicht beieinander und ist daher gut zu Fuß zu bewältigen.

❶ AÐALSTRÆTI ★★ [B4]

Die Aðalstræti war **lange Zeit die einzige Straße des Ortes.** Wie anschaulich in der 871±2 Besiedlungsausstellung ❷ dargestellt ist, kann man annehmen, dass die ersten Siedler Islands sich hier niederließen. Das hatte gute Gründe, denn hier gab es Wasser, fischreiche Flussläufe, Weideland, Bäume … Die Bedingungen waren damals besser, als es uns heute erscheint. Da Reykjavík jedoch bis weit ins 18. Jh. keine bedeutende Rolle spielte, blieb der Ort sehr klein.

Das älteste Haus der Stadt ist Aðalstræti Nr. 10. Die Meinungen gehen etwas auseinander, aber es ist am wahrscheinlichsten, dass das sogenannte *Fógetahúsið* um das Jahr 1762 erbaut wurde. In den vorderen Räumen des Hauses sind Fotos zur Geschichte der Stadt ausgestellt und im Anbau werden die Produkte isländischer Designer verkauft (Kraum, s. S. 21).

Verlässt man das Geschäft durch den Seitenausgang im Laden und geht nach links, dann findet man in den kleinen Straßen dahinter (im Grjótaþorp-Viertel) noch eine ganze Reihe alter, kleiner Häuser, die schön erhalten und herausgeputzt sind. Ein besonderes Merkmal vieler (Holz-) Häuser in Reykjavík ist, dass sie **durch eine Wellblechverkleidung vor Wind und Regen geschützt** werden.

❷ 871±2 BESIEDLUNGS-AUSSTELLUNG (LANDNÁMSSÝNINGIN) ★★★ [B4]

Anhand von Lavaschichten lässt sich der Zeitpunkt der Besiedlung Islands auf den kurzen Zeitraum von 869 bis 873 n. Chr. einschränken, daher rührt der Name der Ausstellung. Zu sehen sind die Grundmauern eines Langhauses und einige Funde der ersten Siedler.

◀ *Vorseite: Ingólfur Arnarson gilt als erster Besiedler Islands*

▪ SKÚLI MAGNÚSSON

*Heute wird Skúli Magnússon (1711–1794) als der **Vater der Stadt** bezeichnet, denn er war wesentlich daran beteiligt, dass Reykjavík sich zur Hauptstadt entwickeln konnte. Island war seit 1380 Teil des dänischen Königreichs. Als Landvogt („Fógeti") – Magnússon war der erste Isländer in diesem Amt – siedelte er verschiedene Industriebetriebe, vor allem textil- und wollverarbeitend, auf dem Gebiet der heutigen Altstadt an. (Heute steht von den Häusern aus dieser Zeit noch das Haus Aðalstræti Nr. 10.)*

Dies geschah gegen den Widerstand der Dänen, die zu diesem Zeitpunkt das Handelsmonopol für Island besaßen. Schließlich lockerten die Dänen das Handelsmonopol doch und Reykjavík erhielt spezielle Handelsrechte. 1786 bekam der zum damaligen Zeitpunkt 200 Einwohner zählende Ort das Stadtrecht unter der Bezeichnung Handelsstadt. Skúli Magnússon hatte mit seinen Maßnahmen den Grundstein für den Aufstieg der Stadt gelegt.

REYKJAVÍK ENTDECKEN
Alte Innenstadt

Die Ausstellung in der Innenstadt ist das ganze Jahr über für Besucher geöffnet. Führungen finden auf Anfrage statt, alternativ stehen **ausführliche deutsche Audioguides** gratis zur Verfügung. Das Museum beherbergt auch einen kleinen Shop, in dem man nette Souvenirs erstehen kann.
› Aðalstræti 16, www.reykjavik871.is, Tel. 4116370, tgl. 10–17 Uhr, 1000 ISK, unter 18 Jahren Eintritt frei

❸ PARLAMENTSGEBÄUDE (ALÞINGISHÚSIÐ) ★★ [C4]

An dem zentralen Platz Austurvöllur („Ostfeld") steht das isländische Parlamentsgebäude *(Alþingishúsið)*. 1799 hatten die Dänen das Parlament Islands aufgelöst, 1844 wurde das Parlament zunächst als beratendes Organ wieder eingesetzt und residierte in Reykjavík. 1881 konnte das Parlament die erste Sitzung in dem neuen, aus Dolerit gebauten Gebäude abhalten. Der **klassische, dänische Bau** wurde vom dänischen Architekten Ferdinand Meldahl entworfen. Auf dem Dach prunkt die Krone des damaligen Souveräns Dänemark.

Über den vier äußeren Fenstern im ersten Stock sind die **vier Schutzmächte Islands** abgebildet (s. S. 70). Das Parlamentsgebäude beherbergte auch die Nationalbibliothek, das Nationalmuseum und die Universität, bis diese in eigene Gebäude umziehen konnten. Das Büro des dänischen Generalgouverneurs und in dessen Nachfolge des isländischen Präsidenten war von 1941 bis 1973 ebenfalls hier untergebracht.

Der **Garten hinter dem Parlamentsgebäude** ist der erste öffentliche Garten Islands (1893). Er geht auf die Initiative des Parlamentariers Tryggvi Gunnarsson (1835–1917) zurück,

In dem lang gezogenen Haus wohnten wahrscheinlich mehrere Familien und Haustiere unter einem Dach zusammen. Der Fund ist etwas Besonderes, da es in Island wenig Stein gab, mit dem gebaut werden konnte, weshalb **archäologische Funde selten** sind. Man geht davon aus, dass sich die ersten Siedler Islands tatsächlich an dieser Stelle niedergelassen haben und dieser Ort seither bewohnt war.

Um die Mauerreste sind **interaktiv ausgestattete Tafeln, Videobildschirme und Computeranimationen** arrangiert, die das Leben der ersten Siedler eindrucksvoll erläutern. Wenn man zum Beispiel in einem bestimmten Winkel vor den Bildschirmen steht, tauchen plötzlich Figuren in den Landschaften auf, die das tägliche Leben dieser Siedler lebendig werden lassen. Zusätzliches Hintergrundwissen zur Besiedlung kann man mit Touchscreens aktivieren.

▲ *Die Ausstellung 871±2 konzentriert sich um die Ausgrabungsstätte eines Wikinger-Langhauses*

REYKJAVÍK ENTDECKEN
Alte Innenstadt

> **KURZ & KNAPP**
>
> *Islands vier Schutzmächte*
> In der Heimskringla-Sage wird beschrieben, dass Harald Blauzahn (König über Dänemark und Norwegen) Ende des 10. Jh. Island erobern wollte. Da Blauzahn vorsichtig war, schickte er einen finnischen Zauberer als Späher voraus. Dieser verwandelte sich in einen Walfisch, doch verhinderten vier Schutzmächte – ein Stier im Westen, ein Greif im Norden, ein Drache im Osten und ein Riese mit Stab im Süden –, dass der Zauberer an Land kommen konnte. Als Folge dessen sah Harald Blauzahn von einer Invasion Islands ab.

der auch sehr viel Zeit und Energie in dessen Gestaltung investierte. Da er auf dem Areal beerdigt werden wollte, wurde der Garten als Privatfriedhof eingeweiht. Tryggvi Gunnarssons Grab am Südende ist mit isländischen Blumen und Pflanzen sowie einer Büste Gunnarssons geschmückt.

Auf dem Platz Austurvöllur vor dem Parlament steht das **Denkmal des Nationalhelden Jón Sigurðsson** (1811–1879). Dieser war eine der führenden Persönlichkeiten in Islands Kampf um die Unabhängigkeit des Landes vom Königreich Dänemark. Sigurðsson erlebte zwar, dass Island begrenzt legislative Rechte erlangte, jedoch erhielt das Land keine exekutiven Vollmachten. Die vollständige Unabhängigkeit sollte Island erst 1944 erreichen. Island ehrt Jón Sigurðssons Einsatz, indem der **Nationalfeiertag an seinem Geburtstag** gefeiert wird. Das Relief „Pionier" *(Brautryðjandinn)* wurde wie die Statue selbst von dem Künstler Einar Jónsson entworfen.

› Austurvöllur, Garten ist zugänglich, Gebäude kann nicht besichtigt werden

❹ DOM (DÓMKIRKJAN) ★★ [C4]

Nachdem 1785 beschlossen worden war, den isländischen Bischofssitz von Skálholt nach Reykjavík zu verlegen, machte man sich an den Bau eines adäquaten Gotteshauses. Die Bauarbeiten mit dänischen Arbeitern begannen 1788, gingen jedoch nur sehr schleppend und mit Rückschlägen voran. 1796 schließlich konnte die Kirche eingeweiht werden.

Reykjavík hatte damals nur etwa 300 Einwohner, weshalb alle Gläubigen im doch **recht kleinen Gotteshaus** Platz fanden. Wiederholt mussten in den darauffolgenden Jahren Reparatur- und Renovierungsarbeiten durchgeführt werden, da sonst Teile des Gebäudes eingestürzt wären. Zwischen 1847 und 1848 wurde die Kirche erneut renoviert und dabei auch erweitert. 1879 waren wiederum gründliche Reparaturarbeiten nötig und die Kirche erhielt ihr heutiges Erscheinungsbild mit etwa 600 Sitzplätzen.

Die Kirche wurde **sehr schlicht und mit viel hell gestrichenem Holz gestaltet.** Das Mittelschiff ist mit goldenen Kronleuchtern ausgestattet, die beiden Seitenschiffe werden in ihrer Höhe durch eine Balustrade unterteilt, von der man ins mittlere Kirchenschiff hinunterblicken kann. Die Kassettendecke im Hauptschiff ist weiß, doch im Bereich des Altarraums sind die einzelnen Fächer mit einem leuchtenden Dunkelblau und goldenen Sternen verziert, wodurch über dem Altarraum ein Sternenhimmel zu schweben scheint.

Im Altarraum steht auch das **Taufbecken aus weißem Marmor**, auf dem Darstellungen der Taufe Christi angebracht sind. Es stammt aus dem Jahr 1839 und wurde von Bertel

REYKJAVÍK ENTDECKEN
Alte Innenstadt

Thorvaldsen hergestellt. Die Kanzel, deren dunkler Untergrund mit goldenen Ornamenten verziert ist, bildet den Übergang von Altarraum und Kirchenschiff. Am gegenüberliegenden Ende ist die 1840 installierte Orgel angebracht.

Die Kirche dient noch immer der Pfarrgemeinde. Auch bei Nicht-Mitgliedern der Gemeinde besonders beliebt sind die **Konzerte des Domchors**, die in unregelmäßigen Abständen gegeben werden.

› Austurvöllur, Tel. 5209700, www.domkirkjan.is

❺ RATHAUS (RÁÐHÚSIÐ) ★ [B4]

Die Idee, ein Rathaus zu bauen, entstand schon kurz nachdem man die Stadtrechte erhalten hatte (1786), doch erst in den 1940er-Jahren wurden konkrete Schritte unternommen, einen geeigneten Bauplatz zu finden. Mehrere Stellen um den Stadtteich Tjörnin wurden in Erwägung gezogen, doch bei einer ersten Ausschreibung konnte kein architektonischer Vorschlag überzeugen. Erst in den 1980er-Jahren wurden die Pläne wieder aufgenommen und in der zweiten Ausschreibung gewann der Vorschlag der Architekten Margret Hardardóttir und Steve Christer. 1992 konnte das Rathaus eingeweiht werden.

Das Gebäude ist auf einer Plattform in den See gebaut, wodurch eine **Verbindung von architektonischem Raum und Natur** hergestellt werden soll. So ist auch das Café in jener Ecke des Baus untergebracht, die am weitesten in den Teich hineinragt, wodurch der besondere Blick über das Wasser möglich wird. Auch die mit Moos und Flechten bedeckte Außenwand verbindet Architektur und Natur und sorgt außerdem dafür, dass der kahle, harte Beton weicher und lebendiger wirkt.

Die Form der **halbrunden Dächer** fand zu Beginn viel Kritik, da es die älteren Einwohner der Stadt an die

▲ *Nicht gerade ein großer Bau, aber schön: der Dom zu Reykjavík*

REYKJAVÍK ENTDECKEN
Alte Innenstadt

dürftigen Barackenunterkünfte erinnerte, in denen während und nach dem Zweiten Weltkrieg viele Familien aufgrund von Wohnraummangel leben mussten.

Im Gebäude selbst sind diverse Kunstwerke zu bestaunen, es gibt einen Raum mit wechselnden Ausstellungen, ein beeindruckendes **3-D-Modell Islands** sowie eine Informationsstelle für Besucher. Das **Café** im Rathaus bietet eine schöne Aussicht, Kleinigkeiten zum Essen und zwei Computer mit Internetanschluss.

› Tjarnargata 11, www.reykjavik.is, Tel. 4111111. Das Gebäude selbst ist Mo.–Fr. 8–19, Sa., So. 12–18 Uhr geöffnet.

6 IÐNÓ-THEATER ★ [C4]

1896 baute die Handwerkervereinigung dieses Gebäude, das als Theater, Versammlungsstätte, Konzert- und Tanzsaal diente. Die Stadt Reykjavík kaufte 1992 das Gebäude und startete mehrjährige Renovierungsarbeiten, während derer man beschloss, so weit wie möglich den **ursprünglichen Zustand und die Originalausstattung wiederherzustellen**.

Außer einem kleinen Theatersaal befinden sich im Haus verschiedene Räume, die für Festessen und Empfänge genutzt werden. Überall im Gebäude finden sich **Holzvertäfelungen und Wandverkleidungen** aus Holz, die bei den Renovierungsarbeiten frisch gestrichen und wieder mit den Originalverzierungen bemalt wurden.

Iðnó war bis 1989 offiziell das Haupthaus des städtischen Theaters (erst dann konnte der Neubau bei Kringlan bezogen werden), obwohl man schon länger räumliche Probleme hatte und Büros, Requisiten, Kostüme und Proberäume in verschiedene weitere Gebäude auslagern musste. Noch heute finden **im Theatersaal Musik-, Tanz- oder Theatervorführungen** sowie Vorträge und Debatten statt. (Das Programm hängt neben der Eingangstür aus oder ist auf der Website des Theaters zu finden.) Bei den Holzbänken, die zur ursprünglichen Ausstattung des Zuschauerraums gehörten, verzichtete man allerdings auf Originalgetreue und verwendete komfortable Stühle.

Wenn man die Gelegenheit zum Besuch einer Veranstaltung hat, kann man sich die **Gemälde vieler isländischer Künstler** wie Jóhannes Kjarval, Ásgrímur Jónsson, Jón Stefánsson und Jóhan Bríem sowie Fotos von Theatervorstellungen aus alter Zeit ansehen, die hier gezeigt werden.

Das **Restaurant** und die **Bar** direkt unter dem Dach, wo noch allerlei kuriose Antiquitäten bewundert werden können, sind für individuelle Besucher leider nicht zugänglich, sondern können nur von Gruppen ab 20 Personen reserviert werden.

› Vonarstræti 3, www.idno.is

In unmittelbarer Nähe zum Iðnó-Theater, auf der anderen Seite der Lækjargata, steht die beachtenswerte **Statue „Mutterliebe" der Künstlerin Nína Sæmundsson** (1892–1965): Eine nackte junge Frau, die in ihren Armen ihr kleines Kind ganz dicht an ihren Oberkörper hält. Glatte, klare Linien und weiche Formen zeichnen das Kunstwerk aus, das, von der Straße Lækjargata aus betrachtet, etwas versteckt zwischen grünen Büschen steht. Der Hintergrund aus Betonmauern hilft leider nicht gerade, die Schönheit des Kunstwerks hervorzuheben.

Nína Sæmundsson war eine Pionierin, da sie die erste professionelle Bildhauerin des Landes war. Sie ist in Island nicht sehr bekannt, denn sie verbrachte einen Großteil ihres Lebens im Ausland. Im Alter von 63 Jahren entschied sie sich jedoch, nach Island zurückzukehren. Die Skulptur „Mutterliebe" wurde bereits 1930 aufgestellt und war die erste Statue in Reykjavík, die nicht als Denkmal gedacht war. Eines der bekanntesten Werke der Künstlerin ist die Statue „Spirit of Achievement" (Afrekshugur) vor dem Waldorf Astoria Hotel in New York.

❼ GYMNASIUM (MENNTASKÓLINN Í REYKJAVÍK) ★★ [C4]

Die Schule ist das älteste Gymnasium Islands, ihre Wurzeln gehen zurück auf eine Lateinschule, die 1056 am Bischofssitz Skálholt gegründet wurde. Ende des 18. Jh. wurde die Schule umgesiedelt und schließlich in dem 1846 in dänischem Stil gebauten Holzhaus untergebracht.

Das Gebäude ist schlicht und klassisch gehalten, war aber zum Zeitpunkt des Baus doch beeindruckend, weil es das **damals größte Holzhaus Islands** war. Das Holz dafür musste eigens aus Norwegen importiert werden. Die Schule hat **viele berühmte Persönlichkeiten hervorgebracht**, neben vielen anderen den Schriftsteller Halldór Laxness (der seine Schulkarriere hier jedoch nicht beendet hat), den heutigen Staatspräsidenten Ólafur Ragnar Grímsson, die frühere Staatspräsidentin Vigdís Finnbogadóttir oder den früheren Ministerpräsidenten Geir Hilmar Haarde.

Das Gebäude ist auch auf dem 500-Kronen-Schein mit dem Porträt Jón Sigurðssons abgebildet. 1851 wurde in dem Schulgebäude eine Versammlung mit dem Ziel abgehalten, eine Gesetzesvorlage zu entwerfen, mit der Island eine größere Selbstbestimmung erhalten sollte. Die Versammlung wurde jedoch gegen den Protest Jón Sigurðssons und anderer Mitglieder aufgelöst. Erst weitere zwei Jahrzehnte später wurden Island einige Selbstbestimmungsrechte zugesprochen.

Auf der Rasenfläche vor der Schule steht die Skulptur „Gesicht der Sonne" (Andlit sólar, 1960) von Ásmundur Sveinsson. Verschiedene Schülerjahrgänge stifteten 1969 die Skulptur.

› Lækjargata 7, www.mr.is, leider nicht von innen zu besichtigen

❽ BERNHÖFTSGRUPPE (BERNHÖFTSTORFAN) ★★ [C4]

Zwischen Bankastræti [C4] und Gymnasium Menntaskólinn ❼ steht eine Reihe alter Häuser, die ihren Namen der Bäckerei zu verdanken hat, die sich ursprünglich im ersten Haus der Reihe befand. Die noch immer existierende **Bernhöftsbäckerei** (inzwischen Bergstaðastræti 13) war die erste kommerzielle Bäckerei der Stadt. 1834 stellte der Kaufmann Peter Cristian Knudtson den deutschstämmigen Bäckermeister Tönnies Daniel Bernhöft ein, der die Bäckerei später übernahm.

Die **ein- oder zweistöckigen Holzhäuser aus der Mitte des 19. Jh.** präsentieren sich in gutem Zustand. Die Fensterrahmen sind farblich abgesetzt, was die Fenster und Türen noch besser zum Ausdruck kommen lässt. Die Dächer sind an etlichen Stellen durch verzierte Leisten besonders hervorgehoben.

Fast wären die Häuser in den 1970er Jahren durch Bürogebäude ersetzt worden, doch glücklicherweise kam das Umdenken früh genug und so sind die historischen Häuser der Nachwelt erhalten geblieben. Heute sind in den Räumen eine Touristeninformation (s. S. 108) sowie die Restaurants Lækjarbrekka und Humarhúsið (s. S. 32) untergebracht – der perfekte architektonische Rahmen für traditionelle isländische Küche.

> Lækjargata zwischen Bankastræti und Amtmannsstígur

❾ REGIERUNGSHAUS (STJÓRNARRÁÐHÚSIÐ) ⭐ [C4]

An der Ecke von Lækjargata und Bankastræti steht das sogenannte Regierungshaus, heute der **Amtssitz des Premierministers.** 1756 wurde es als Gefängnis für Kleinkriminelle gebaut, für die sich eine Überführung in Gefängnisse nach Dänemark nicht lohnte. Doch schon bald beschloss man, ein so gutes Gebäude nicht als Gefängnis zu verschwenden, und so wurde es der Sitz des dänischen Gouverneurs und nach der Unabhängigkeit Islands des Premierministers. Neben dem Gebäude stehen die **Statuen König Christians IX.**, der den Isländern ihre Verfassung präsentiert, **und Hannes Hafsteins.**

Auf dem benachbarten Arnarhóll-Hügel (Ecke Hverfisgata/Lækjargata) steht die **Statue Ingólfur Arnarsons**, der als der erste Siedler Islands gilt. Einar Jónsson schuf die Statue dieses Wikingers, der nunmehr vom Hügel aus auf die Bucht schaut, in der die Stützen seines Hochsitzes angespült wurden (s. S. 52).

▶ *Plunder, (Secondhand-)Kleidung, Vinyl, CDs, Kleinmöbel, getrockneter und frischer Fisch, Café, Livemusik … Am Wochende trifft man sich auf dem Kolaportið.*

KURZ & KNAPP

Hannes Hafstein

1904 wurde eine erste isländische Regierung mit einem einzigen Minister eingesetzt, dem Isländer Hannes Hafstein. Die Funktion des Gouverneurs wurde abgeschafft und Hafstein vertrat im dänischen Parlament als Ministerpräsident die Belange Islands. Gleichzeitig hatte er in dieser Funktion auch zum ersten Mal nicht nur den Dänen, sondern auch dem isländischen Parlament gegenüber seine Arbeit zu verantworten. Diese Phase stellt einen wichtigen Schritt im Unabhängigkeitsstreben der isländischen Nation dar.

❿ HARPA ⭐ [D3]

In den unterschiedlichen Glasfassaden der **Konzert- und Konferenzhalle** spiegeln sich das Licht des Himmels und das Wasser der See, wodurch das Gebäude der strahlende Blickfang im Hafenbereich ist. Das Symphonieorchester, die Oper und internationale Gäste bereichern hier das Kulturleben der Stadt.

Fast wäre die halbfertige Halle der Krise zum Opfer gefallen, da die Hauptsponsoren wegfielen. Glücklicherweise entschied man sich doch noch, das Gebäude nach den Plänen eines isländisch-dänischen Architektenteams und eines isländisch-dänischen Künstlers fertigzustellen.

Die **faszinierende Außenfassade** kann teilweise von innen beleuchtet werden, um auch an dunklen Tagen einen dramatischen Effekt zu erreichen. Auch im Innern spielt die **isländische Natur**, z. B. in Form von dunklen Steinfassaden, Texturen an den Wänden oder Strukturen, etwa von Basaltquadern, eine wichtige Rolle

und kommt in der Gestaltung der einzelnen Säle zum Ausdruck. **Eldborg**, der größte Saal im Herzen des Gebäudes, erinnert mit seiner tiefroten Farbe an den Lavakern eines Vulkans.

Ein **Bistro** mit nordischen Tapas und ein **Restaurant** gehobener Küche umsorgen die Gäste. Der Epal-Laden bietet Design- und Lifestyleartikel und im **12 Tónar** findet man eine fachkundige Auswahl und Beratung zu (isländischer) Musik.

› Austurbakki 2, Tel. 5285050, www.harpa.is

⓫ FLOHMARKT KOLAPORTIÐ ★★★ [C3]

Der Flohmarkt am Wochenende ist eine wunderliche Mischung aus Secondhandangebot, Billigwarenwühltischen und Lebensmittelmarkt. Schon wenn man sich dem Areal nähert, sieht man die Menschen dorthin pilgern oder mit Plastiktüten voller Einkäufe die Hallen wieder verlassen.

Auf dem Kolaportið findet man alte Zeitschriften, Bücher, Briefmarken und Postkarten, Secondhandkleidung, gebrauchte und neue CDs und DVDs, Drogerieartikel und Haushaltswaren. Auch die **traditionellen Strickpullover** werden hier verkauft. Antiquitätenhändler stellen Geschirr, Besteck, Schmuck und Kleinmöbel aus. Außerdem gibt es Stände mit chinesischem Billigangebot, das von Tüchern, T-Shirts über Schmuck bis hin zu Kosmetikartikeln reicht. Die Einheimischen decken sich hier auch mit frischem, getrocknetem und tiefgefrorenem **Fisch, Gemüse, Kräutern und Tee** ein – wobei die Einkaufstüte mit Süßigkeiten nicht fehlen darf.

Dem **Café** im Flohmarkt fehlt es etwas an gemütlichem Ambiente, doch das scheint niemanden zu stören, denn viele Reykjavíker lassen sich Kaffee, Hotdogs, Eis oder andere Kleinigkeiten bei gelegentlicher Livemusik schmecken.

Der Flohmarkt ist untergebracht im **Erdgeschoss des Zollamts,** das mit

einem **riesigen Mosaik mit Darstellungen von Hafenszenen** verziert ist. Die verantwortliche Künstlerin Gerður Helgadóttir (1928–1975) widmete sich zu Beginn ihrer Karriere der Glasmalerei und war auf diesem Gebiet von großem Einfluss in Island. Ihr Interesse galt daneben der Mosaikkunst und sie arbeitete auch mit Metall und schweren, massiven Materialien. Das Museum Gerðasafn in Kópavogur ist nach ihr benannt.

› Tryggvagata 19, Tel. 5625030, www.kolaportid.is, Sa. u. So. 11–17 Uhr, an Feiertagen geschlossen

⑫ KULTURHAUS (ÞJÓÐMENNINGARHÚSIÐ) ★★★ [D4]

Das denkmalgeschützte Gebäude dient seit seiner Errichtung der Erhaltung des isländischen Kulturerbes und der Dokumentation isländischer Geschichte.

Die wichtigste Ausstellung des Kulturhauses ist die **Sammlung mittelalterlicher Handschriften** mit Sagen, Gedichten, Erzählungen der Edda und Gesetzestexten. Viele davon stellen die einzige schriftliche Informationsquelle über das Leben von der Besiedlung durch die Wikinger bis zur Christianisierung dar. Erläutert wird die Geschichte der Handschriften, viele der wichtigsten Manuskripte sind zu sehen und ein Raum ist der Pergamentherstellung gewidmet. (Ein sehr knapper Führer auf Deutsch ist erhältlich.)

Im Kulturhaus gibt es zusätzlich weitere Ausstellungen, einen kleinen Souvenirshop und ein kleines Café (Mo.–Fr.), in dem Suppen und belegte Brote mit selbst gebackenem Brot serviert werden.

› Hverfisgata 15, Tel. 5451400, www.thjodmenning.is, tgl. 11–17 Uhr, Erw. 700 ISK, Schüler 350 ISK, Mi. Eintritt frei

▲ *Das Kulturhaus beherbergt die Kronjuwelen der Isländer: die Originalhandschriften der Sagas*

REYKJAVÍK ENTDECKEN
Alte Innenstadt

⓭ SÓLFAR – DAS SONNENSCHIFF ★★★ [E4]

Jogger und Spaziergänger lieben den Fuß- und Radweg, der im Norden der Stadt parallel zur Straße Sæbraut am Meer entlangführt. Auf der Höhe der Straße Frakkastígur erhebt sich an der Promenade das von Jón Gunnar Árnason (1931–1989) gestaltete **stilisierte Wikingerschiff** aus dem Jahr 1971.

Sólfar gehört zu den beliebtesten Fotomotiven der Stadt. Auf einer spiegelglatt polierten Marmorplatte aufgestellt (Achtung: sehr glatt bei schlechtem Wetter!) **scheint das Schiff auf dem Wasser zu schweben.** Wolken, unterschiedliche Licht- und Wetterverhältnisse sorgen für **abwechslungsreiche Fotomomente.** Insbesondere bei Sonnenauf- und Sonnenuntergang schimmert das Metall in wunderbar lebendigen Facetten.

› Am Wasser bei Sæbraut auf der Höhe von Frakkastígur [E4]

⓮ HALLGRÍMSKIRKJA ★★★[D5]

Die Hallgrímskirkja, die größte Kirche des Landes, wurde 1986 nach 41-jähriger Bauzeit fertiggestellt. Der Staatsarchitekt Guðjón Samúelsson (1887–1950) erinnert mit der äußeren Struktur des Gotteshauses an die eindrucksvollen Basaltformationen, die man an vielen Orten des Landes findet.

Ein Besuch des Turms lohnt sich, denn von dort aus bietet sich ein **grandioser Ausblick über die Stadt.** Bei besonders gutem Wetter kann man sogar den 100 km entfernten Gletscher Snæfellsjökull erkennen.

Namensgeber der Kirche war **Hallgrímur Pétursson** (1614–1674),

> **KURZ & KNAPP**
>
> **Leifur Eiríksson, der Entdecker Amerikas**
>
> Vor dem Haupteingang der Hallgrímskirkja gibt die mächtige Statue Leifur Eiríkssons ein beliebtes Fotomotiv her. Leifurs Vater hatte Grönland entdeckt und dort eine Kolonie gegründet. Um das Jahr 1000 machten sich von Grönland aus 35 Mann (unter ihnen Leifur) auf die Reise und entdeckten Amerika, das sie „Vinland" nannten. Zwar versuchten die Isländer nach der Rückkehr der Entdecker die nordamerikanische Küste dauerhaft zu besiedeln, doch aufgrund von Konflikten mit den amerikanischen Ureinwohnern musste dieses Vorhaben aufgegeben werden. Leifur kehrte nach Grönland zurück und da ihm Reichtum und Respekt beschieden waren, erhielt er den Beinamen „der Glückliche".

Poet und Geistlicher, der einen wesentlichen Einfluss auf das geistliche Leben Islands ausgeübt hat und dessen Passionspsalmen und Hymnen noch immer gesungen und gelesen werden.

Die Kirche dient als Gemeindekirche. Ihre 1200 Sitzplätze werden aber **auch für Konzertaufführungen genutzt,** zudem finden regelmäßig **Kunstausstellungen** in den Räumen der Kirche statt. 1992 wurde eine große Konzertorgel von Johannes Klais, Orgelbauer aus Bonn, eingeweiht. Mit ihren 5275 Orgelpfeifen, die bei Gottesdiensten und Konzerten zum Einsatz kommen, ist sie auch die größte Orgel Islands.

Die Glasarbeiten, die Kanzel und das Taufbecken sind von Leifur Breiðfjörð geschaffen, der einen großen Teil seiner Arbeiten sakralen

Bildnis 1948. Von Einar Jónsson stammt auch das kleine Bronzebildnis Hallgrímur Péturssons.

An der linken Seite im Kirchenschiff steht die Skulptur „Märtyrer" *(Píslarvottur)* von Sigurjón Ólafsson (1908–1982). Die Ikonen im Chorraum sind Gemälde der Künstlerin Kristín Gunnlaugsdóttir (1963), die Darstellung der Muttergottes mit Kind stammt von Guðmundur Einarsson (1895–1963).

› Skólavörðuholt, www.hallgrimskirkja.is, Tel. 510100, tgl. 9–17 Uhr, Turmbesteigung: 500 ISK, Kinder (7–14 Jahre) 100 ISK

⓫ NORDISCHES HAUS (NORRÆNA HÚSIÐ) ★★ [B6]

Das Gebäude war ein Geschenk der anderen Nordischen Länder und dient als **nordisches Kulturzentrum.** Der Finne Alvar Aalto wurde mit dem Bau beauftragt, 1968 wurde das Nordische Haus, das an einem kleinen Teich auf dem Gelände der Universität liegt, eingeweiht.

Dem flachen weißen Bau hat Aalto eine **keilförmige, mit blauen Kacheln bekleidete Struktur** aufgesetzt, wodurch die Bibliothek mehr Tageslicht und das Auditorium mehr Raumhöhe gewinnt. Der Bau schmiegt sich in die vorhandene Landschaft ein und hat noch nichts von seiner zeitlosen Schönheit verloren. Die Innenräume

Werken widmet. Sowohl in der Kanzel als auch im Taufbecken aus isländischem Säulenbasalt und tschechischem Bleikristall sind Zitate aus den Passionspsalmen Hallgrímur Péturssons und Bibelzitate verarbeitet.

Die **Jesusstatue** gleich neben dem Eingang zum Kirchenschiff stammt von Einar Jónsson. Die Statue stellt Jesus nach der Taufe im Jordan dar, als der Heilige Geist auf ihn niederkommt. Als Modell für die Hände Jesu soll sich Jónsson den Gewerkschaftsführer und sozialistischen Politiker Guðmundur Jaki Guðmundsson gewählt haben, der von großer Statur war (daher der Spitzname *Jaki* = Eisscholle, womit ein Muskelmann bezeichnet wird) und wohl sehr schöne Hände gehabt haben muss. Der Künstler stiftete der Kirche das

▲ *Die Hallgrímskirkja* ⓮ *ist die größte Kirche des Landes*

sind mit viel Holz ausgestattet, das Aalto auch zur Unterteilung der Räume in kleinere Einheiten wie Sitzecken nutzt. Dies verleiht dem Gebäude eine warme Atmosphäre.

Die **Bibliothek** umfasst eine ausführliche Sammlung an Büchern, Zeitungen, Zeitschriften und DVDs der verschiedenen nordischen Sprachen. Das **Kulturzentrum** bietet Vorträge, Lesungen, Workshops, Musikveranstaltungen und Ausstellungen zu vielen verschiedenen thematischen Gebieten. Sinn und Zweck des Kulturzentrums ist die Stärkung der kulturellen Beziehungen zwischen den nordischen Ländern.

Das **Restaurant Dill** im Kulturzentrum bietet neben einem schönen Ausblick saisongerichtete, moderne nordische Küche (s. S. 31). Mittags werden kleine, einfachere Speisen serviert, abends ausführlichere Dinners. Da das Restaurant recht klein ist, empfiehlt sich für abends und am Wochenende eine Reservierung.

› Sturlugata 5, www.nordice.is, Tel. 5517030, tgl. 12–17 Uhr (Abendveranstaltungen). Der Zugang zu Haus, Bibliothek und Ausstellungen ist frei.

⓰ NATIONALMUSEUM (ÞJÓÐMINJASAFN ÍSLANDS) ★★★ [B5]

Interessant und abwechslungsreich gestaltet, erläutert die ständige Ausstellung die **Geschichte und Entwicklung Islands in den letzten 1200 Jahren** – von den Anfängen der Besiedlung bis heute – anhand von 2000 Objekten und etwa 1000 Fotos. Wechselausstellungen ergänzen das Angebot.

Die Geschichte Islands ist **in verschiedene Zeitabschnitte unterteilt** (von der Landnahme über christliche Stammesführer, das Leben unter norwegischer und dänischer Krone bis hin zur Entstehung einer eigenen isländischen Nation), für die jeweils wichtige Zeugnisse und Funde wie Grabbeigaben, Arbeitsgeräte, Kirchenausstattungen, Einrichtungsgegenstände oder Kleidung zusammengetragen wurde. Doch nicht nur die **herausragenden Exponate** wie die kleine Thor-Statue, die Schnitzkunst der Valþófsstaður-Tür, die Guðbrandur-Bibel, die geschnitzten Trinkhörner oder die in der 2. Hälfte des 19. Jh. entwickelten Trachten sind einen Besuch wert, sondern auch viele weitere Besonderheiten. Die Ausstellung ist mit vielen **Multimediaterminals** bestückt, an denen Filme, Grafiken oder Audiofragmente (englisch) mit Geschichten und Zusatzinformationen abrufbar sind, weshalb man leicht mehrere Stunden im Museum verbringen kann. Gegen Hinterlegung eines Pfands (z. B. Kreditkarte) erhält man gratis einen ausführlichen **deutschen Audioguide**.

Zum Museumskomplex gehört auch das **Nationale Fotomuseum** *(Ljósmyndasafn Íslands),* das die größte isländische Kollektion an Fotografien, Drucken, Zeichnungen und Grafiken besitzt. Aus diesem Pool werden immer wieder neue Ausstellungen zu verschiedenen Aspekten des Lebens in Island zusammengestellt.

Der **Museumsshop** bietet eine große, ansprechende Auswahl an Souvenirs, Kunsthandwerk und Büchern zur isländischen Sprache, Kunst und Kultur. Das nette **Museumscafé** bietet kleinere Gerichte und ist beliebter Treffpunkt bei den Einheimischen.

› Suðurgata 41, Tel. 5332200, www.natmus.is, 1.5.–15.9. tgl. 10–17 Uhr, 16.9.–30.4. Di.–So. 11–17 Uhr, 1000 ISK, unter 18 Jahren und mittwochs Eintritt frei

AUSSERHALB DES ZENTRUMS

Reykjavík ist in wenigen Jahrzehnten rasant gewachsen und auch außerhalb der alten zentralen Innenstadt gibt es ein paar interessante Sehenswürdigkeiten.

⓱ HÖFÐI ★★ [G4]

Das 1909 gebaute, markante Höfði-Haus gehört spätestens seit den Abrüstungsverhandlungen zwischen Gorbatschow und Reagan (1986) zu den bei Ausländern bekanntesten Gebäuden der Stadt.

Die Verhandlungen in Island endeten zwar weniger erfolgreich als erhofft, doch führten die anschließenden Verhandlungen zum Abkommen zur Beseitigung von Atomwaffen, das 1987 in Washington unterzeichnet wurde.

Ursprünglich war das Höfði-Haus der **Amtssitz des französischen Konsuls**, den die Regierung Frankreichs hier zur Unterstützung französischer Fischer stationiert hatte. Zu dieser Zeit war das Gebäude **bekannt und bewundert für seine Größe**. Auch der englische Botschafter residierte hier eine Weile. Er meinte sogar einen Geist wahrzunehmen, den er die „Weiße Lady" nannte. Offensichtlich rieb diese seine Nerven dermaßen auf, dass er seiner Regierung empfahl, das Gebäude zu verkaufen.

Heute gehört das Haus der Stadt Reykjavík, die es für offizielle Empfänge und bei Besuchen von Staatsgästen nutzt. **Höfði wird gehütet und gepflegt wie ein Schatz**, daher ist es für Normalsterbliche leider nicht möglich, die Innenräume zu besichtigen. Die Außenseite kann man natürlich weiterhin bewundern, und dies lässt sich gut mit einem Spaziergang am Meer entlang kombinieren.
› Ecke Höfðatún/Borgartún

⓲ LAUGARDALUR ★★ [L6]

Die Parkanlage Laugardalur erhielt ihren Namen von der **heißen Quelle**, die hier entspringt. Früher kamen die Frauen der Umgebung hierher, um ihre Wäsche zu waschen, was tatsächlich nicht ganz ungefährlich war. Nachdem eine Frau ins kochende Wasser gefallen war, wurden die Kanäle mit Bogengittern abgesichert. Die Wasserkanäle und ein Waschhaus mit Fotos und Erklärungen sind noch zu besichtigen.

Eine weitere Attraktion des Parks ist der **Botanische Garten.** Hier sind alle einheimischen Pflanzen zu sehen, die an den meisten Stellen mit

◀ *Im Höfði-Haus wurde 1986 das Ende des Kalten Krieges eingeläutet*

▶ *Abendliche Sicht auf die Stadt, über der die Perlan thront*

REYKJAVÍK ENTDECKEN
Außerhalb des Zentrums

isländischen und lateinischen Namen ausgeschildert sind. Zum Park gehört außerdem ein **Zoo** mit einheimischen Erd- und Wasserbewohnern – ein beliebtes Ausflugsziel Reykjavíker Familien (s. S. 114).

⓳ PERLAN ★★★ [E8]

Mit seinen 61 m über NN ist der Hügel Öskjuhlíð einer der höchsten Punkte der Stadt und eignet sich daher sehr gut, das 85 ˚C heiße Wasser zu speichern, das Reykjavík mit Energie versorgt. Auf die sechs Wassertanks, die jeweils bis zu vier Millionen Liter Wasser fassen können, wurde eine markante gläserne Kuppel gesetzt, „Perle" genannt, die vielseitig genutzt wird.

Auf der **Aussichtsplattform** im 4. Stock sind an sechs Stellen Teleskope installiert, aber der Blick auf Reykjavik und Umland ist auch ohne diese Hilfsmittel großartig. Metallplatten erläutern die Orte der Umgebung. Auf dieser Ebene befindet sich auch ein Selbstbedienungsrestaurant, das von Touristen und Einheimischen gern genutzt wird.

Im 5. Stock liegt das **Dinner-Restaurant**. Annähernd 1000 Glühlampen

> **KLEINE PAUSE**
> *Pause im Park*
> ⭕**150** [L6] **Café Flóra**, Botanischer Garten Laugardalur, Tel. 5538872, www.caféflora.is, tgl. 10–22 Uhr. In einem umgebauten Glashaus bietet das Café Salate, Sandwiches und Kuchen. Neben dem Café steht ein kleiner Teepavillon, der bevorzugt von kleineren Gruppen reserviert wird.

erschaffen einen Sternenhimmel innerhalb der Kuppel. Das Restaurant dreht sich in zwei Stunden einmal komplett um seine eigene Achse und ist so nicht nur kulinarisch ein besonderes Erlebnis. Im Erdgeschoss des Komplexes liegt das **Saga Museum** (s. S. 45), in dem mit Wachsfiguren Szenen des Wikingerlebens nachgestellt sind.

Auf dem Hügel selbst, der mit über 176.000 Bäumen bepflanzt wurde, kann man spazieren gehen und im Herbst findet man hier sogar Leute, die Pilze suchen. Gleich neben Perlan wurde ein **künstlicher Geysir** installiert, der alle 5 bis 10 Minuten draußen und auch drinnen Wasser in die Höhe speit.

REYKJAVÍK ENTDECKEN
Außerhalb des Zentrums

› Öskjuhlíð, www.perlan.is
› **Anfahrt:** Bus Nr. 18 Richtung Spöng, Haltestelle „Perlan", oder Buslinie 16/19 Richtung Nauthóll, Haltestelle „Hótel Loftleiðir"

⓴ FREILUFTMUSEUM ÁRBÆJARSAFN ★★★ [S11]

In den Sommermonaten lohnt ein Besuch des Freiluftmuseums am Stadtrand. Auf dem Gelände eines ehemaligen Bauernhofs sind **über 40 Stadt-, Dorf- und Bauernhäuser** hauptsächlich aus dem 19. Jh. zu sehen, die aus der Stadtmitte Reykjavíks oder von anderen Orten Islands hierher gebracht wurden. Die Häuser sind stilgerecht eingerichtet.

Die **Mitarbeiter in zeitgenössischen Kostümen** erklären Handwerk, Facharbeiten und das tägliche Leben. Auch Schafe, Kühe und Hühner leben im Sommer hier.

Ein **Café** in „Dillons Haus" (das Haus trägt den Namen des Bauherrn) aus dem Jahr 1835 sorgt für das leibliche Wohl, zwei Museumsshops bieten Süßigkeiten und Souvenirs. Zudem ist ein ausführlicher deutschsprachiger Museumsführer erhältlich.

Von September bis Mai werden **Führungen** durch das Gelände angeboten, aber die Tiere und verkleideten Mitarbeiter sind dann weg. Diese Führungen sind zwar interessant, können das **lebendige und bunte Treiben auf dem Gelände** in den Sommermonaten jedoch nicht so leicht ersetzen.

› Kistuhylur 4, www.reykjavikmuseum.is, Tel. 4116300, Juni–Aug. tgl. 10–17 Uhr (Führungen 11 und 14 Uhr), Sept.–Mai nur Führungen Mo., Mi., Fr. 13 Uhr, 1000 ISK, bis 18 J. gratis.
› **Anfahrt:** vom Busbahnhof Hlemmur Buslinien 5, 19 (Richtung Elliðabraut) bis Haltestelle Hraunbæ/Strengur

㉑ VIÐEY ★★ [P1]

Viðey ist eine 1,6 km² große Insel vor Reykjavík mit großer historischer Bedeutung und heute für den Imagine Peace Tower Yoko Onos bekannt.

Bereits seit dem 10. Jh. besiedelt, befand sich hier vom 13. bis zum 16. Jh. ein blühendes **Augustinerkloster**, das mittelalterlicher Pilgerort war. 1539 plünderten Männer des dänischen Königs die Reichtümer des Klosters, wonach es aufgegeben wurde. 1755 ließ Skúli Magnússon **Viðeyjarstófa** als seinen Amtssitz bauen. Es war damals das erste Steinhaus Islands und gehört zu den ältesten Gebäuden des Landes. Heute beherbergt das Haus ein Café. 1774 wurde die Kirche eingeweiht, die Skúli Magnússon hatte errichten lassen – die zweitälteste noch existierende Kirche Islands –, und auf seinen Wunsch hin wurde Skúli nach seinem Tod auch hier begraben.

Zu Beginn des 20. Jh. lebten noch etwa 130 Menschen auf der Insel. Allerdings mussten die Fischer und Bauern die Insel in den 1940er- und 1950er-Jahren verlassen, da sie kein ausreichendes Einkommen mehr erwirtschaften konnten.

Viðey wird **von Familien und Spaziergängern besucht**, die die Natur genießen oder Vögel beobachten wollen, denn die Insel ist eine wichtige Brutstätte vieler Vogelarten. Fahrräder und Kinderspielzeug können beim Café ausgeliehen werden.

Verschiedene Kunstwerke sind zu besichtigen: „Áfangar" („Stationen") von Richard Serra, eine Sammlung von neun Paaren von Basaltsäulen im Westteil der Insel, die sozusagen einen Rahmen für die umgebende Natur bilden und – inzwischen sicher am bekanntesten –

REYKJAVÍK ENTDECKEN
Entdeckungen außerhalb Reykjavíks

der **Imagine Peace Tower von Yoko Ono**. Hierbei handelt es sich um eine gigantische Lichtsäule, die jeweils vom 9.10. bis zum 8.12., also vom Geburts- bis zum Todestag John Lennons, in den Himmel leuchtet.
> Tel. 5335055, www.videy.com
> **Café:** Mitte Mai–Ende Sept. 11.30–17, sonst Sa., So. 13.30–16 Uhr
> **Fähre** der Gesellschaft Elding (www.elding.is): Mitte Mai–Ende Sept. 11.15–17.15 (jeweils stündlich um .15) von Skarfabakki-Sundahöfn-Hafen [N3], zurück 11.30–18.30 (jeweils stündlich um .30), Okt.–Mitte Mai Sa., So. 13.15, 14.15, 15.15 Uhr, zurück 13.30, 14.30, 15.30, 16.30, Erwachsene 1000 ISK, Kinder (7–18 J.) 500 ISK. Die Buslinie Nr. 5 (Richtung Sundahöfn) fährt zur Ablegestelle.

▲ *Anschauliche Urkraft: der Geysir Strokkur (siehe ㉓) schießt alle paar Minuten bis zu 30 m in die Höhe*

ENTDECKUNGEN AUSSERHALB REYKJAVÍKS

GOLDEN CIRCLE – DER GOLDENE KREIS

Ist man das erste Mal auf Island, sollte man sich auf jeden Fall zumindest einen Tag die Zeit nehmen für die sogenannte Golden-Circle-Tour, bei der man mehrere der großartigsten Naturwunder Islands besuchen kann.

Die Tour führt in einem Kreis von Reykjavík auf der Straße Nr. 1 nach Norden (Richtung Akureyri). Hinter Mosfellsbær biegt man auf die Straße Nr. 36 Richtung Þingvellir ㉒, der ersten Thingstätte Europas.

Von Þingvellir aus geht es auf den Straßen 361, 365 und 37 weiter zu wasserspeienden Geysiren sowie rauchenden und streng riechenden Schlammlöchern im **geothermisch aktiven Gebiet Haukadalur** ㉓, von

REYKJAVÍK ENTDECKEN
Entdeckungen außerhalb Reykjavíks

wo aus es nur mehr ein kurzes Stück ist zum gewaltigen **Gullfoss-Wasserfall** ❷. Zurück geht es von der Straße Nr. 37 auf die Straße Nr. 35 in Richtung Selfoss. Dabei kann man sich noch den **Kratersee des Kerið** ❷ ansehen. In Selfoss stößt man auf die Ringstraße Nr. 1, die wieder zurück nach Reykjavík führt. Hat man noch etwas Zeit, bietet sich anschließend ein Abstecher nach **Hveragerði** ❷ an oder der Besuch der **Energiezentrale Hellisheiði** ❷.

Entweder man bucht eine Golden-Circle-Tour bei einem Anbieter (s. S. 94), dann braucht man sich um nichts zu kümmern, oder man mietet ein Auto und fährt selbst. Dies hat den Vorteil, dass man sich seine Zeit selbst einteilen und eventuell an Orten, die man besonders reizvoll findet, etwas länger verweilen kann. Zudem stellen die Straßen bei gutem Wetter bis auf ein kurzes Stück Schotterpiste zwischen Þingvellir und Haukadalur (im Winter manchmal gesperrt) keine allzu großen Anforderungen an den Fahrer. Für die Tour sollte man mindestens 7–8 Stunden einplanen.

❷ ÞINGVELLIR ★★★

Für Isländer verkörpert kein anderer Ort besser die Geschichte ihrer Nation und die Naturgewalten Islands als der Nationalpark Þingvellir, der 2004 in die Liste des UNESCO-Welterbes aufgenommen wurde.

Kommt man von Mosfellsbær auf der Straße Nr. 36 nach Þingvellir, dann sieht man als erstes den **See Þingvallavatn**. Mit seinen fast 84 km² ist dies das größte Binnengewässer Islands. Bis zu 114 m tief ist der See, damit liegt seine tiefste Stelle 11 m unter dem Meeresspiegel. Der See wird von Quellwasser gespeist, das durch die Lava gefiltert und mit Mineralien angereichert wird, weshalb das kalte Wasser einen vielfältigen Lebensraum darstellt.

Die erste Möglichkeit zur Besichtigung des Nationalparks ist das **Informationszentrum** bei Hakið (von der Straße aus ausgeschildert), hier halten auch die verschiedenen Ausflugsbusse. Im Informationszentrum werden auf Bildschirmen informative Filme und Vorträge zur Natur und Geschichte des Gebietes geboten (auch

---

EXTRATIPP

Laxness-Haus

Falls man genügend Zeit hat, kann man, bevor man Þingvellir erreicht, auch das ehemalige Wohnhaus und jetzige **Museum des Literaturnobelpreisträgers Halldór Laxness, Gljúfrasteinn**, besuchen. Man kann sich zunächst eine multimediale Aufarbeitung seines Lebens und Schaffens zu Gemüte führen und anschließend sein ehemaliges Wohnhaus besuchen. Schreibmaschine, Bett, jede Menge Kunstwerke an den Wänden, sein Flügel, die Souvenirs, die er von seinen vielen Reisen mitgebracht hat – alles ist noch da wie zu Lebzeiten des Nobelpreisträgers. Hinter dem Haus befindet sich der mit geothermalem Wasser gefüllte Pool, vor dem Haus steht der Jaguar des Autors – der erste, den es auf Island gab.

› **Gljúfrasteinn**, Póstólf 250, 270 Mosfellsbær, www.gljufrasteinn.is, Juni–Aug. tgl. 9–17 Uhr, sonst Di.–So. 10–17 Uhr, 800 ISK, bis 18 J. gratis. Gljúfrasteinn liegt von der Abzweigung der Straße Nr. 36 von der Ringstraße Nr. 1 etwa 4,5 km entfernt auf der rechten Straßenseite. Man erblickt das auf einer Anhöhe gelegene weiße Haus bereits von fern.

REYKJAVÍK ENTDECKEN
Entdeckungen außerhalb Reykjavíks

KURZ & KNAPP

Althing
Der nordgermanische Begriff „Thing" oder „Ding" bezeichnet die **germanische Volks- und Gerichtsversammlung**, auf der alle rechtlichen Angelegenheiten eines Stammes behandelt wurden. Anfang des 10. Jh. beschlossen die Siedler Islands, eine allgemeine Versammlung, also ein „Althing", einzuberufen, und die Stammeshäuptlinge entschieden, Úlfljótur nach Norwegen zu schicken, um sich mit den Rechten und Gebräuchen vertraut zu machen, die eine solche Umstrukturierung des Zusammenlebens mit sich bringt.

Für diese allgemeine Versammlung fand man einen Ort, der von den wichtigsten Siedlungsorten gut erreichbar und mit Wasser und Brennholz ausgestattet war. Heute wird die ausgesuchte Stelle Þingvellir („parlamentarische Felder") genannt. Im Jahr 930 strömten die Menschen an diesen Ort, um die erste gemeinsame Volks- und Gerichtsversammlung abzuhalten. Damit ist das isländische *Althing*, das mittlerweile in Reykjavík seine Sitzungen abhält (siehe ❸), **das älteste noch aktive Parlament der Welt**. Durch die Zugehörigkeit zum norwegischen und später dänischen Königreich wurde der Einfluss dieser Versammlung immer weiter beschränkt, doch blieb der Ort als Gerichtsstand erhalten. 1798 wurde das *Althing* in Þingvellir schließlich offiziell aufgelöst.

Der ursprüngliche Besitzer des Gebietes wurde angeblich für den Mord an einem Bediensteten mit der Verbannung und Enteignung bestraft, sodass das Gebiet in den allgemeinen isländischen Besitz überging. In Island ist dieser Ort seit 930 mit den wichtigsten Ereignissen der Nation – wie der Ausrufung der Republik 1944 – verbunden. 1930 wurde das Þingvellir-Gebiet zum Nationalpark erklärt, um den Erhalt dieses historischen und nationalen Erbes auch weiteren Generationen zu garantieren.

auf Deutsch). Neben dem Informationszentrum gibt es Toiletten, aber keine Möglichkeit, Speisen oder Getränke zu kaufen.

Gleich neben dem Gebäude befindet sich eine **Aussichtsplattform**, von der man das Gelände überblicken kann, das größtenteils von kleinen Birken und Heidelbeerbüschen bewachsen ist. Geht man den Fußweg hinunter zum ursprünglichen Versammlungsort, dann läuft man durch die berühmte **„Jedermanns Bruchlinie" (Almannagjá)**, die Teil eines größeren Grabens ist, der **durch die Verschiebungen der eurasischen und amerikanischen Kontinentalplatten entstanden** ist. Noch immer driften die Platten durchschnittlich 2 cm pro Jahr auseinander. Allerdings heißt das nicht, dass alle Stellen entlang der Kontinentalplatten gleichmäßig auseinandergeschoben werden. Meist passiert ein paar Jahre nichts, dann aber bauen sich durch die Verschiebungen Spannungen auf, die mit Erdbeben aufgelöst werden. Diese erzeugen schließlich weitere Risse, Bruchstellen oder Spalten.

Beim sogenannten **Gesetzesberg** *(Lögberg),* von dessen Spitze aus jedes Jahr in der Versammlung der Gesetzessprecher *(Lögsögumaður)* mündlich die Gesetze für alle Versammlungsteilnehmer rezitierte, ist eine weitere Plattform mit informativen Tafeln (engl.) zur Geschichte des *Althing* angebracht.

Unterhalb des Wasserfalls Öxárafoss bildet der Fluss ein tiefes Becken, **„Strudel des Ertrinkens"** *(Drekkingarhylur)* genannt, in dem vom 16. bis zum 18. Jh. Frauen ertränkt wurden, die der Unzucht, Hexerei oder ähnlicher Dinge beschuldigt worden waren. Man steckte sie in einen Sack,

REYKJAVÍK ENTDECKEN
Entdeckungen außerhalb Reykjavíks

> **KURZ & KNAPP**
>
> **Mit Reimen für die Unabhängigkeit**
>
> **Jónas Hallgrímsson** (1807–1845) war der bedeutendste Dichter der isländischen Romantik, der mit seinen bewegenden und stimmungsvollen Beschreibungen der isländischen Natur eine neue poetische Sprache entwickelte, die großen Einfluss auf spätere Dichtergenerationen hatte. Während seines Studiums der Literaturwissenschaft und Zoologie in Kopenhagen kam er mit anderen isländischen Studenten in Kontakt, die sich gemeinsam für eine nationale Bewegung einsetzten und eine Jahresschrift herausgaben.
>
> **Einar Benediktsson** (1864–1940), kurz Einar Ben genannt, war Verwaltungsbeamter, Gründer der ersten isländischen Tageszeitung und populärer Dichter. Nicht nur durch seine Schreibtätigkeit, sondern auch durch seine verwaltungstechnischen Ideen zeichnete er sich als Vorkämpfer der isländischen Nationalbewegung aus. Er schrieb patriotische und politische Gedichte und vertrat den Standpunkt, dass Island seine nationalen Ressourcen nutzen und viel im eigenen Land investieren müsse.

der mit Steinen beschwert ins Wasser geworfen wurde.

Geht man von der Aussichtsplattform des *Lögberg* auf die andere Seite des Flusses, quert man eine kleine Brücke, von der man in das tiefe, klare Wasser des Flusses blicken kann. Leute werfen hier Münzen in das eiskalte Wasser, um einen Wunsch auszusprechen.

Auf dieser Seite befindet sich auch die Kirche und Þingvallabær, eine Ansammlung schöner alter Häuser, die 1930 zur 1000-Jahr-Feier des *Althing* errichtet wurden. Heute beherbergen sie die offizielle Sommerresidenz des Ministerpräsidenten und Räume für die Geistlichen der Kirche und die Parkverwaltung. Die Gebäude werden außerdem dazu genutzt, um wichtige Gäste zu empfangen. Daneben befindet sich ein Friedhof, auf dem die Dichter Jónas Hallgrímsson und Einar Benediktsson begraben sind.

Den alten Erzählungen zufolge wurde bereits 1015, also wenige Jahre nachdem das Althing die Entscheidung getroffen hatte, dass alle Isländer zum christlichen Glauben übertreten würden, eine **Kirche** in Þingvellir errichtet. Seither gab es hier ein Gotteshaus. Um 1500 wurde die Kirche an den jetzigen Standort versetzt, die heutige Kirche wurde Weihnachten 1859 eingeweiht (geöffnet Mitte Mai–Anfang Sept. 9–19.30 Uhr).

Wo sich die Straßen 36 und 361 kreuzen, befindet sich eine **Touristeninformation** des Parks, an die auch ein Café angeschlossen ist. Hier muss man sich anmelden, wenn man einen Stellplatz auf einem der vier Campingplätze im Park möchte. Der

◀ *Þingvellir ist zu jeder Jahreszeit einen Besuch wert*

REYKJAVÍK ENTDECKEN
Entdeckungen außerhalb Reykjavíks

Naturpark bietet **zahlreiche Wander- und Reitwege,** Angelmöglichkeiten und in den Spalten Silfra und Davíðsgjá die spektakuläre Möglichkeit, zwischen den Kontinentalplatten zu tauchen oder zu schnorcheln (s. S. 96).
› www.thingvellir.is
› **Informationszentrum Hakið:** 1.4.–1.11. 9–16 Uhr
› **Touristeninformation:** Tel. 4822660, Mai–Sept. 9–16 Uhr, Café 1.4.–31.10. sowie im Winter Sa. u. So.
› **Anfahrt:** Von Reykjavík Ringstraße Nr. 1 Richtung Akureyri, dann Straße Nr. 36 Richtung Þingvellir

㉓ HAUKADALUR – GEYSIRE UND HEISSE QUELLEN ★★★

Schon von Weitem sieht man Schwefeldämpfe über dem Gebiet Haukadalur hängen und sobald man aus dem Auto steigt, wird man vom Geruch fauler Eier empfangen. Doch niemand lässt sich deshalb das einmalige Naturschauspiel eines Ausbruchs von Geysir oder Strokkur entgehen.

Die berühmte **heiße Springquelle,** die diesem Naturphänomen den Namen verliehen hat, ist der **Große Geysir** im geologisch aktiven Gebiet Haukadalur. Der Große Geysir war bereits im 13. Jh. aktiv und wurde wahrscheinlich durch Vulkanausbrüche ausgelöst. Lange Zeit schoss die Springquelle in regelmäßigen Abständen bis zu 70 m hohe heiße Wasserfontänen in die Luft. Die Aktivität nahm jedoch im 19. Jh. stark ab und 1915 war die Springquelle erloschen. Durch eine Absenkung des Wasserspiegels konnte man die Quelle für einige Jahre wiederbeleben, bevor sie wieder erlosch. Seit einem Erdbeben im Jahr 2000 eruptiert der Große Geysir wieder, jedoch nur in unregelmäßigen Abständen und Höhen.

Dagegen bricht die zweite, nur wenige Meter entfernte Springquelle, der **Strokkur,** sehr besucherfreundlich etwa alle 5 bis 10 Minuten aus. Zuerst bildet sich eine Wasserblase in tollen Blautönen, bevor das Wasser bis zu 35 m in die Höhe schießt.

Auf dem Feld, auf dem die beiden Springquellen liegen, findet man auch noch blubbernde, brodelnde Schlammlöcher bzw. **Dampfaustrittsstellen,** sogenannte Fumarolen, an denen Schwefeldämpfe direkt aus dem Boden austreten, und heiße Quellen. Am bekanntesten ist die **Thermalquelle Blesi,** deren Wasser aufgrund von Mineralablagerungen verstärkt blaues Licht reflektiert, was der Quelle eine intensiv blaue Färbung verleiht.

Am Fuß des Berges im Westen findet man etwas oberhalb des Thermalfeldes die sogenannten **Königssteine** *(konungssteinar),* die drei dänischen Königen (Christian IX. 1874, Frederick VIII. 1907, Christian X. 1921) als Rastplatz gedient hatten, von dem aus die Majestäten einen Ausbruch des Geysirs beobachten konnten.

Die **Haukadalur-Kirche** liegt an einer kleinen Straße, die hinter dem Thermalfeld beginnt. Die Kirche gehörte einst zu einem stattlichen Bauernhof, dessen Besitzer zu den mächtigsten Familien des Landes gehörten. Sagen zufolge liegt in der Nähe der Kirche der Riese Bergþór von Bláfell begraben. Der eiserne Ring an der Kirchentür soll zu seinem Wanderstock gehört haben. Schon im 6. Jh. wurde die eiserne Spitze des Stockes als Besitztum der Kirche aufgeführt.

Neben dem Thermalfeld liegt das **Geysircenter,** das ein Hotel mit Restaurant und eine Imbissstube mit großem Souvenirshop und Multimediacenter umfasst. In der

REYKJAVÍK ENTDECKEN
Entdeckungen außerhalb Reykjavíks

❷❹ GULLFOSS ★★★

Etwa 8 km nordöstlich des Haukadalur donnern die Wassermassen eines der bekanntesten Wasserfälle des Landes in die Tiefe.

Der „**Goldene Wasserfall**" führt in zwei Stufen (11 m und 20 m hoch), die etwa in einem 90°-Winkel zueinander liegen, das Gletscherwasser der Hvítá, die gespeist wird vom Gletscher Langjökull, in eine 2,5 km lange und 70 m tiefe Schlucht. Der wunderschöne Wasserfall ist **zu jeder Jahreszeit ein überwältigendes Erlebnis:** Im Sommer brechen sich die Sonnenstrahlen im Wasser vor dem Hintergrund der schroffen dunklen Felsen und der leuchtend grünen Wiesen, im Winter bilden sich entlang der Schlucht massive, überaus beeindruckende Eiswände, Teile des Wasserlaufs sind dann mit einem Eispanzer bedeckt.

Dem beherzten Eingreifen einer Isländerin ist es zu verdanken, dass der Gullfoss in all seiner Pracht erhalten geblieben ist, denn die gewaltige Wasserkraft wollte Anfang des 20. Jh. eine englische Gesellschaft zur Energiegewinnung nutzen. Sie plante die Errichtung eines Staudamms zur Elektrizitätsgewinnung. Der Bauer Tómas Tómasson weigerte sich jedoch zu verkaufen. Später setzte sich seine Tochter **Sigríður Tómasdóttir** in mehreren beschwerlichen Reisen nach Reykjavík zu verschiedenen Beamten dafür ein, den Wasserfall zu erhalten und das Staudammprojekt zu stoppen. Sie drohte sogar an, sich in den Wasserfall zu stürzen. Zwar waren ihre Bemühungen vergeblich, doch als 1928 die Pacht nicht bezahlt wurde, wurde der Vertrag für nichtig erklärt und der Wasserfall konnte als Naturdenkmal erhalten bleiben. Ein Gedenkstein zu

Multimediashow werden Fragen zur Geologie des Gebietes und ganz Islands erklärt. Besucher des zum Hotel gehörenden **Campingplatzes** können das Schwimmbad und die *Hotpots* des Hotels mitbenutzen.

› **Geysircenter**, www.geysircenter.is, Tel. 4806800, Souvenirshop und Imbissstube Mai–Sept. tgl. 9–22, Okt.–April 10–16 Uhr, Multimediashow Mai–Sept. 10–17, Okt.–April 12–16 Uhr
› **Campingplatz**: geöffnet 1.4.–30.9, Übernachtung p. P. ab 15 J. 1000 ISK
› **Anfahrt**: Von Reykjavík aus Ringstraße Nr. 1 Richtung Vík, kurz vor Selfoss Straße Nr. 35 bis zum Geysir (Ringstraße bis Geysir etwa 60 km). Von Þingvellir ❷❷ aus von der Straße Nr. 36 auf die Straße Nr. 361, dann auf die Nr. 365, diese stößt auf die Nr. 37, dann Richtung Geysir. (Die Nr. 37 geht letztendlich über in die Straße Nr. 35.)

REYKJAVÍK ENTDECKEN
Entdeckungen außerhalb Reykjavíks

> **EXTRATIPP**
>
> **Snack am Wasserfall**
> Das **Gullfoss Kaffi** am oberen Parkplatz ist Souvenirladen und Restaurant zugleich mit einer kleinen Auswahl geschmackvoller Gerichte.
> › Gulfoss Kaffi, Tel. 4866500, www.gullfoss.is, Mo.–Fr. 9–18, Sa., So. 9–19 Uhr

Ehren Sigríðurs erinnert an ihren unermüdlichen Einsatz.

Man bekommt einen guten Eindruck von der **Wucht der Wassermassen**, wenn man von einem der beiden Parkplätze aus (man wird durch die Schilder direkt zum oberen Parkplatz geleitet) direkt zu den Kaskaden geht. Alternativ nimmt man den Fußweg auf dem Hochplateau, von dort aus bietet sich ein **wunderbarer Blick auf Fluss und Wasserfall**.

› **Anfahrt:** Von Reykjavík aus die Ringstraße 1 Richtung Vík, kurz vor Selfoss abbiegen auf die Nr. 35 bis zum Geysir und dann knapp 10 km weiter bis zum Wasserfall. Von Þingvellir ㉒ aus von der Nr. 36 auf die Nr. 361, dann auf die Nr. 365, diese stößt auf die Nr. 37, dann Richtung Geysir und Gullfoss. (Die Nr. 37 geht letztendlich über in die Nr. 35.)

㉕ KERIÐ ★★

Kerið ist einer von fünf **Vulkankratern** der Tjarnarhólar-Kraterreihe, die zum etwa 5000 bis 6000 Jahre alten Grímsnes-Vulkanfeld gehört. Der ovale Krater misst 270 m in der Länge, 170 m in der Breite und etwa 55 m in der Tiefe.

Auf seinem Grund hat sich zwischen den steilen Hängen (nur an einer Seite ist der Hang etwas abgeflacht) ein **wunderschön grün, manchmal auch blau schimmernder Kratersee** gebildet, der je nach Grundwasserspiegel 7–14 m tief ist. Die Farbe des Wassers bildet einen schönen Kontrast zur braunroten Lava der Kraterhänge.

› **Anfahrt:** Von Reykjavík aus die Ringstraße 1 Richtung Vík, kurz vor Selfoss abbiegen auf die Nr. 35, dann nach etwa 15 km ausgeschildert.

㉖ HVERAGERÐI ★★

Die kleine Gemeinde mit ihren 2300 Einwohnern **liegt auf einem 5000 Jahre alten Lavafeld** und auch heute noch ist das vulkanische Hochtemperaturgebiet sehr aktiv. Beim Vulkanausbruch 2008 wurden mehrere heiße Quellen aktiviert, die aus der Erde austraten. Das **Geothermalfeld Hengill** nördlich des Ortes kann besichtigt werden, Infos erhält man bei der Touristeninformation.

› **Geothermalpark**, Hveramörk 13, Tel. 4834601, Mai–Sept. Mo.–Fr. 10.30–18, Sa., So. 12–16 Uhr, im Winter nur nach Voranfrage für Gruppen, auf Nachfrage kostenlose Führung (englisch)

› **Touristeninformation Südisland** *(Upplýsingamiðstöð Suðurlands),* Sunnumörk 2, Tel. 4834601, www.southiceland.is, 15.5.–15.9. Mo.–Fr. 8.30–17 Uhr, Sa. 10–14 Uhr, Winter Mo.–Fr. 8.30–16 Uhr

Schon immer machten sich die Menschen die heißen Quellen zunutze und 1930 wurde das erste Gewächshaus errichtet. Der Ort ist heute **vor allem für seine Gewächshäuser und den Gartenbau bekannt**. Während man als Tourist vielleicht nicht so gut einschätzen kann, was es für die Menschen im unwirtlichen Norden bedeutet, sich

◀ *Zum mächtig tosenden Gullfoss sollte man immer warme Regenkleidung mitnehmen*

von der Natur unabhängig zu machen, sind die Isländer äußerst stolz auf die Gewächshäuser in Hveragerði und machen gerne einen Abstecher, um Blumen oder Gemüse zu kaufen. Isländer führen ihre ausländischen Gäste gern in das 1400 m² große **Gewächshaus Eden**, weil es dort eine Bananenpflanze und einen Kaffeebaum zu bewundern gibt (Pflanzenverkauf, Selbstbedienungsrestaurant, Souvenirladen, Kunsthandwerk).

› **Gewächshaus Eden,** Austumörk 25, Tel. 5273300, tgl. 9–18 Uhr, im Sommer bis 20 Uhr
› **Anfahrt:** Von Reykjavík aus Ringstraße Nr. 1 Richtung Vík (etwa 45 km).

㉗ GEOTHERMALKRAFTWERK HELLISHEIÐI (HELLISHEIÐARVIRKJUN) ★★

Etwa 20 Autominuten von Reykjavík entfernt steht das neueste Geothermalkraftwerk der Region. Das Kraftwerk **versorgt Reykjavík mit Strom und heißem Wasser** (das zum Beispiel auch zum Heizen verwendet wird) und soll in den nächsten Jahren weiter ausgebaut werden, um den wachsenden Bedarf der Hauptstadt zu decken.

Im täglich geöffneten **Informationszentrum** des Kraftwerks erhält man eine Einführung in die unterschiedlichen Teile des Zentrums, anschließend laden interaktive Diagramme, Seismografen und Touchscreens, die u. a. Livedaten der Turbinen anzeigen, zum Studieren ein. Auf diese spannende Weise kann man sich über die Energiegewinnung aus den Heißwasserquellen der Region informieren. Ein Kurzfilm zeigt außerdem die geologische Geschichte Islands.

› Tel. 5166000, www.or.is, tgl. 9–17 Uhr, 700 ISK

› **Anfahrt:** Von Reykjavík aus Ringstraße Nr. 1 Richtung Vík, dann nach etwa 30 km links abbiegen auf Straße Nr. 378 Richtung Hellisheiðarvirkjun, danach ist die Anlage rechts ausgeschildert.

㉘ BLUE LAGOON (BLÁA LÓNIÐ) ★★★

Fast nirgendwo lässt es sich so wunderbar unter freiem Himmel baden und entspannen wie im wohltuend warmen, milchig-weißblauen Wasser der „Blauen Lagune".

Insbesondere auf dem Weg vom oder zum Flughafen Keflavík lohnt ein Abstecher zur sogenannten „Blauen Lagune". Das luxuriöse Schwimmbad ist eigentlich **ein Nebenprodukt von Bohrungen zur Energiegewinnung** in einem Gebiet mit Heißwasserquellen. Nachdem sich allerdings herausgestellt hatte, dass das heiße Quellwasser, das sich hier mit Meerwasser vermischt, reich an Algen, Silizium und Mineralien ist, die eine wohltuende und heilende Wirkung auf die Haut haben, wurden ein schönes Wellnessbad und eine Hautklinik eingerichtet.

Die Wassertemperatur von 37–39 °C ist sehr angenehm und entspannend. Durch die Inhaltsstoffe sieht das **Wasser milchig-blau** aus und bildet so einen spannenden Kontrast zu den dunkelbraunen bis dunkelgrauen

> **EXTRATIPP**
>
> *Achtung, Strohhaare!*
> Die weiße Siliziummasse sollte man sich nicht in die Haare schmieren, denn diese werden dadurch so hart wie Stroh. Nach dem Baden die Haare gründlich mit Shampoo und Spülung (steht in den Duschen zur Verfügung) behandeln, damit am Ende nicht nur die Haut weich ist.

REYKJAVÍK ENTDECKEN
Entdeckungen außerhalb Reykjavíks

Lavafelsen. Der Badekomplex bietet ein großes **Schwimmbecken mit Zonen unterschiedlicher Wassertemperaturen,** außerdem Dampfbad, Sauna, Wasserfall, Liegestühle drinnen und draußen. Für besonders Erholungsbedürftige werden außerdem Massagen angeboten. Am Beckenrand stehen **Behälter mit Silizium,** das man sich zusätzlich auf die Haut auftragen kann. Dies reinigt und regeneriert die Haut.

Für das leibliche Wohl sorgt eine **Cafeteria** im Schwimmbad (wo man mit seinem Schließfachschlüssel bezahlen kann) und außerhalb des Badebereichs eine weitere Cafeteria und ein Restaurant. Ein angeschlossener **Shop** bietet eine große Auswahl an Blue-Lagoon-Kosmetikprodukten und typisch isländischen Souvenirs.

▲ *Die Blue Lagoon bietet herrliche Entspannung, auch oder vor allem direkt nach dem Flug*

› 240 Grindavík, Tel. 4208800, www.bluelagoon.com, tgl. 10–20, Juni–Aug. tgl. 9–21 Uhr, 28 €, 14–15 J. 10 €, Kinder unter 14 Jahre in Begleitung Eintritt frei. Handtücher, Badeanzüge, Bademäntel können vor Ort geliehen werden.
› **Lava Restaurant:** tgl. 11.30–20.30, Juni–Aug. 11.30–21 Uhr
› **Anfahrt:** Von der Straße Nr. 41 (Reykjavík–Keflavík) abbiegen auf die Nr. 43 (ausgeschildert), schließlich auf Nr. 426.
› **Reykjavík Excursions** (www.re.is, s. S. 97) bietet Fahrten zur Blauen Lagune von Reykjavík aus oder in Kombination mit der Fahrt vom und zum Flughafen.

㉙ LEUCHTTURM REYKJANES (REYKJANESVITI) ★★

Bereits 1878 wurde bei Valahnúk der erste Leuchtturm gebaut, denn die Küste bei Reykjanes war – und ist noch immer – tückisch. Der Leuchtturm brachte für die Seeleute etwas mehr Sicherheit.

Bei einem Erdbeben im Jahre 1905 wurde der alte Leuchtturm je-

REYKJAVÍK OUTDOOR – NATUR UND ABENTEUER

> **EXTRATIPP**
>
> **Zwischen den Kontinenten**
> Auf der Fahrt zum Leuchtturm kommt man etwa 9 km nach Hafnir an der **Miðlína-Brücke** vorbei, die über einen Graben zwischen der eurasischen und amerikanischen Kontinentalplatte gespannt ist. (In dieser Fahrtrichtung links von der Straße ausgeschildert.)

Die besondere Lage und Größe Reykjavíks macht es möglich, dass der Städtetrip auch zu einem Naturerlebnis und Abenteuerurlaub werden kann. Und was für einer: Schnorcheln, Tauchen (auch im Winter!), Gletscherwanderung und -besteigung, Snowmobilfahren, Helikopterflug, Rafting, Reiten, Höhlenwandern, Jeepfahren, Baden in einer heißen Quelle und und und …

doch so stark beschädigt, dass er ins Meer zu stürzen drohte. Also musste möglichst schnell ein neuer Leuchtturm gebaut werden. Die Dänen waren zu diesem Zeitpunkt für den Leuchtturmbau verantwortlich, doch die bürokratischen Mühlen der Dänen drehten sich nur langsam und die Baupläne für die Stahlkonstruktion ließen endlos auf sich warten. Da die Zeit jedoch drängte, wurde zwischen 1907 und 1908 ein Turm aus Stein und Beton gebaut, der noch immer Teil eines Ringes, bestehend aus **104 Leuchttürmen, rund um Island** ist.

Das Licht auf einer Höhe von 69 m ü. NN ist 22 Seemeilen weit sichtbar. Seit 2003 steht er mit sechs weiteren isländischen Leuchttürmen unter Denkmalschutz (leider von innen nicht zu besichtigen).

› **Anfahrt:** Von der Straße Nr. 41 kurz nach dem Flughafen auf die Nr. 44 abbiegen, in Hafnir geht diese über in die Straße Nr. 425, nach etwa 14 km ist der Leuchtturm Reykjanesviti angegeben.

Aufgrund der **einzigartigen Lage in unmittelbarer Nähe von Vulkanen und Gletschern** kann man von Reykjavík aus **herrliche Halbtages- oder Ganztagestouren** unternehmen. Da Reykjavík eine relativ kleine Stadt ist, muss man nicht Stunden fahren, bis man sich in der freien, unberührten Natur befindet, sondern kann schon nach 20 bis 30 Minuten alleine die Natur genießen. Und abends stehen alle Vorteile wie Hotels, Restaurants oder Nachtleben zur Verfügung, die eine Metropole zu bieten hat.

Grundsätzlich gibt es zwei Möglichkeiten, um die isländische Natur zu

> **EXTRAINFO**
>
> Bei Tourbuchung offerieren die meisten Anbieter, dass man **am Hotel bzw. Guesthouse abgeholt** und nach der Tour wieder dorthin zurückgebracht wird. Man braucht sich also keine Sorgen wegen des Transports zu machen. Bei manchen Anbietern ist bei Tagestouren auch ein Lunch im Preis enthalten.
>
> Außerhalb der Hochsaison (Okt. – April) lohnt es sich, nach **Sonderpreisen** zu fragen.

▶ *Kurze Pause inmitten urgewaltiger Natur*

erkunden. Entweder man leiht sich ein Auto und erkundet dann die Umgebung auf eigene Faust oder man bucht eine Tour bei einem Outdooranbieter. Letzteres kann man schon vor dem Reiseantritt über das Internet regeln oder aber vor Ort direkt bei den Anbietern (telefonisch, manche Anbieter haben auch ein eigenes Buchungscenter in der Innenstadt). Zudem bieten häufig Hotels einen Buchungsservice an. Mit Englisch kommt man immer weiter, mit Deutsch eher selten.

Was man auf jeden Fall machen sollte, ist die **Golden-Circle-Tour** (s. S. 83). Sie beinhaltet einen Besuch Þingvellirs ㉒, des Geysirs ㉓ und des Wasserfalls Gullfoss ㉔. Das Umland der isländischen Hauptstadt bietet jedoch noch viele weitere **außergewöhnliche Outdoorabenteuer**, die man unbedingt in Erwägung ziehen sollte.

UNSERE PERSÖNLICHEN ANBIETER-TOP-5

Alles – aber richtig

Ein **überaus vielfältiges Angebot** mit jeweils über zehn garantierten Touren pro Tag von Dienstag bis Sonntag während der Sommermonate und etwas weniger während der Wintermonate bietet **Arctic Adventures**. Die **sehr erfahrenen Tourguides** sind begeistert bei der Sache. Sie sprechen allesamt Englisch, aber mit Hand- und Fußeinsatz klappt die wichtigste Kommunikation auch ohne Englischkenntnisse. Nahezu alle angebotenen Touren sind für Anfänger ausgelegt. Der Anbieter ist sehr flexibel: Ist man beispielsweise ein erfahrener Kletterer oder Kanufahrer, kann man das angeben und der Anbieter wird sich darum bemühen, eine entsprechende Tour zusammenzustellen.

Im angegliederten **Outdoor-Shop** (s. S. 22) findet man außerdem alles, was das Outdoorherz begehrt – aber nur das, was von Torfi und seinen Guides auch tatsächlich als qualitativ hochwertig eingestuft wird und worauf sie sich selbst verlassen.

Für Outdoorfreaks findet sich im Sommer sogar ein Paket im Angebot, das fünf Outdoortage nacheinander umfasst. Der Preis hierfür ist praktisch unschlagbar: Die **Fire Island Exploration** mit Kajakfahren, Höhlenwanderung, Rafting, Schnorcheln, Walbeobachtung, Reiten und Wandern, verteilt auf fünf Tage (beinhaltet u. a. die Ziele des Golden Circle und einen Besuch in der Blue Lagoon ㉘), kostet 79.990 ISK (ca. 550 €) pro Person. Außerdem gibt es ein Wochenendpaket (drei Tage), **Iceland Adventure Weekend** genannt, das Rafting, Gletscherwandern, Eisklettern und Walbeobachtung beinhaltet (46.990 ISK pro Person).

• 151 [D4] **Arctic Adventures,** Laugarvegur 11 (im Outdoor-Shop), Tel. 5627000, www.arktischeabenteuer.de

Im Hubschrauber zum Gletscher

Ok, es klingt vielleicht ungewöhnlich, aber es ist ein absolutes Highlight und sicherlich jeden Cent wert. Zudem eröffnet es dem Kurzurlauber die Möglichkeit, in relativ kurzer Zeit viel vom Land zu sehen und unvergessliche Fotos von Vulkankratern und Gletschern zu machen. Hinzu kommt die grandiose Erfahrung, in einem Helikopter mitzufliegen. Und wer wollte nicht immer schon einmal eine Schneeballschlacht hoch oben auf ewigem Gletschereis anzetteln?

Die Piloten Snorri und Jón sind coole Jungs, die eine enorme Portion Erfahrung mit ihren Flugmaschinen besitzen, außerdem sind sie sehr flexibel und **gehen auf alle (machbaren) Wünsche ein.** So kann man beispielsweise den Hinflug mit dem Helikopter machen und den Rückweg offroad mit sogenannten Super-Jeeps antreten (Reifen in Traktorengröße, besonders starker Motor, Dachauspuff, damit man auch Flüsse queren kann).

Das Nonplusultra ist sicherlich der halbstündige **Icelandic-adrenaline-trip.** Was man bislang nur zurückgelehnt mit klebrigem Popcorn im sicheren Kinositz erlebt hat, wird auf einmal abenteuerliche Wirklichkeit. Voll auf den Berg zufliegen und kurz vorher scharf abdrehen oder steil hochziehen und auf der anderen Seite fast im Sturzflug wieder abtauchen. Das Adrenalin pumpt in den Adern und der Magen überdenkt noch einmal gründlich das Frühstück. Warum man sich dann fühlt wie James Bond persönlich? Ganz einfach: Jóns Spezialität ist das Fliegen für Filmaufnahmen und er ist der Hubschrauberpilot nicht nur für James-Bond-Streifen. Die Regisseure in Hollywood und

REYKJAVÍK ENTDECKEN
Reykjavík Outdoor – Natur und Abenteuer

London kennen seine Telefonnummer. Doch Vorsicht: Dieser Trip birgt Suchtgefahr!
● **152** [B7] **Norðurflug,** Kringlan 4–6, Inlandsflughafen Reykjavík: Hangar 37, Tel. 5622500, www.heli.is

Alles Glück der Erde – Reiten auf Islandpferden

Weniger als eine halbe Stunde Autofahrt von Reykjavík entfernt liegt – gegenüber dem Laxness-Museum (s. S. 84) – die **Laxnes Horse Farm**, ein Familienunternehmen und das älteste seiner Art in Island. (Der Literaturnobelpreisträger Halldór Laxness änderte seinen Namen von Guðjónsson in Laxness um, da es diese Farm war, auf der er aufwuchs. Eigensinnig wie er war, passte er die Schreibweise jedoch ein wenig an.) Auf dem Hof herrscht eine gemütliche, entspannte Atmosphäre. Die Touren sind auch **sehr gut für Anfänger geeignet**. Es reiten immer mehrere Begleiter mit, sodass auch Kindern die nötige Aufmerksamkeit während des Ausflugs zuteil wird. Alle Guides sprechen Englisch, einige auch ein wenig Deutsch.

So kann man lediglich einen Ausritt, der circa 2–2,5 Stunden dauert, oder eine **kombinierte Tour mit Golden Circle** (s. S. 83) oder mit einem Besuch der Blue Lagoon ㉘ buchen. In den beiden letzten Fällen reitet man zuerst aus, bekommt danach eine hausgemachte Suppe und Brot als Lunch serviert und anschließend geht es mit einem Bus weiter zu den entsprechenden Ausflugszielen. Auch die Laxnes-Crew bietet den Service, Gäste im Hotel abzuholen und nach der Tour wieder zur Unterkunft zurückzubringen.

Ein einfacher Ausritt kostet 8000 ISK, für Kinder unter 12 Jahre 6500 ISK, das Paket „Day at the farm" (zwei Reittouren vormittags und nachmittags inkl. mittäglichem Lunch, Dauer: ca. 7 Stunden) 15.000 ISK (Kinder unter 12 J. 12.500 ISK). Die

▲ *Islandpferde sind das raue isländische Klima gewohnt*

REYKJAVÍK ENTDECKEN
Reykjavík Outdoor – Natur und Abenteuer

Kombination Reittour mit Golden Circle (Dauer: ca. 9 Std.) 16.700 ISK (Kinder unter 12 Jahre 8350 ISK), mit Blue Lagoon (Dauer: ca. 6 Std.) 12.000 ISK (Kinder unter 12 Jahre 6500 ISK) zuzüglich Eintrittsgeld für die Blue Lagoon.
- ●153 **Laxnes Horse Farm,** Laxnesi, Mosfellsbær, Tel. 5666179, www.laxnes.is

Tauchen und Schnorcheln zwischen Amerika und Eurasien

Wer einen Tauchschein hat (der PADI Open Water Diver reicht aus), kann das ganze Jahr über bei wetterunabhängig konstanten 2 °C **in einem der Top-5-Tauchgebiete der Welt tauchen** gehen. Die geologischen Platten Amerikas und Eurasiens durchlaufen Island und beim alten Parlamentsplatz Þingvellir ㉒ kann man in einem Abschnitt der Kontinentalspalte, Silfra genannt, tauchen. Dieser Ort ist einer der wenigen auf der Welt, an dem Taucher Höhenangst (oder besser Tiefenangst) bekommen können, da das Wasser dort so unglaublich klar ist, dass man unter Wasser über 100 m weit sehen kann! Eine Taucherausrüstung mit allem, was dazugehört, wird vom Veranstalter gestellt (im Preis inbegriffen).

Der Eigentümer, Tobias, ist Deutscher und Tauchlehrer (PADI Instructor). Wer möchte, kann während seines Aufenthalts in Island also auch das Tauchen erlernen. Tobias ist bei der weltweit größten Tauchorganisation, PADI, zertifiziert und angeschlossen.

Auch Nicht-Taucher haben die Möglichkeit, diesen besonderen Ort **schnorchelnd** vom Wasser aus zu betrachten. Da das Wasser glasklar ist, verpasst man auch beim Schnorcheln nichts von der grandiosen Aus- und Weitsicht. Auch hierfür sind alle notwendigen Utensilien zum Verleih im Preis inbegriffen.

Dive.is bietet zudem mehrtägige Touren oder Touren mit höherem Schwierigkeitsgrad für erfahrene Taucher an. Die Silfra-Tagestour (circa 8 Std.) kostet 29.990 ISK pro Person, die Schnorchel-Tour (circa 4–5 Std.) 12.990 ISK pro Person.
- S154 [A7] **Dive.is,** Hólmaslóð 2, Tel. 6632858, www.dive.is

Walbeobachtung und Hochseeangeln

Die Wahrscheinlichkeit eines **Rendezvous mit Walen** vor Reykjavíks Küste ist groß, im Winter sichtet man große Wale aber seltener. Zwischen Mai und August ist außerdem **Papageientaucher-Saison** (engl. „Puffin"), dann kann man auf den Walbeobachtungstouren, die in Reykjavík die

▲ *Expedition mit voller Montur auf ewigem Eis: Gletscherwanderung mit Arctic Adventures*

REYKJAVÍK ENTDECKEN
Reykjavík Outdoor – Natur und Abenteuer

EXTRATIPP

Warm anziehen!
Das Wetter in Island kann sich schlagartig ändern, daher sollte man sich für eine Tour im Freien ausreichend präparieren. Auf dem Pferdehof gibt es genügend warme, regenfeste Kleidung und Handschuhe sowie selbstverständlich Reiterhelme, die man unentgeltlich leihen kann. Pferde haben ihren eigenen Geruch, den man unter Umständen auch nicht so schnell wieder los wird. Auch deshalb sollte man von dieser Ausleihmöglichkeit Gebrauch machen.

Firma Elding anbietet, zudem den Vogel mit dem markanten farbigen Schnabel durch die Luft segeln sehen. Wer wissen möchte, was in den letzten Tagen auf den Touren gesichtet wurde, kann sich im „Whale Watching Diary" (englisch) auf Eldings Website schlau machen.

Von Mai bis August besteht die Möglichkeit, mit demselben Veranstalter **Hochseeangeln** zu gehen. Zu den meistgefangenen Fischen gehören Kabeljau, Schellfisch, Seelachs und Wels. Hat man einen Heilbutt an der Angel, kann man sich auf ein größeres Gewicht gefasst machen. (Die Angelausrüstung wird von Elding zur Verfügung gestellt.)

Walbeobachtungstouren dauern circa 2,5–3,5 Stunden und kosten 8000 ISK pro Person, für Kinder 3500 ISK. Hochseeangeltouren dauern 3–3,5 Stunden und kosten 10.500 ISK, für Kinder 5500 ISK. Warme Overalls gibts an Bord.

- 155 [B3] **Elding**, Ægisgarður 7, Tel. 5553565, www.elding.is, von Reykjavíks Hafen aus im Sommer zwei- bis fünfmal täglich, Okt.–März (wetterabhängig) tgl. 13 Uhr.

WEITERE TOUREN

Tagestouren

- 156 [B3] **Iceland Bike**, Ægisgarður 7, Tel. 6948956, www.icelandbike.com. Gemütliche Stadttouren durch Reykjavík (4000 ISK, ca. 2,5 Std.), Familientouren und Tagestouren (Golden Circle, Westmännerinseln). Räder u. Helme stehen zur Verfügung.
- 157 [C4] **Icelandic Mountain Guides**, www.mountainguides.is, Bankastræti 2 (Buchungsbüro), Tel. 5879999. Tages- und mehrtägige Touren verschiedener Schwierigkeitsstufen zu Fuß oder mit Jeeps.
- 158 [H15] **Iceland on Track**, Grófarsmára 18, 201 Kópavogur, Tel. 6638300, www.icelandontrack.is. Hier werden Super-Jeep-Touren an verschiedene Orte angeboten, die man anders mit dem Auto nicht erreichen würde. Unter Super-Jeeps versteht man Jeeps, die mit traktorgroßen Reifen und äußerst kräftigen Motoren ausgestattet sind. Außerdem endet deren Auspuffanlage über dem Dach, sodass man auch etwas tiefere Flüsse durchqueren kann.
- 159 **Mountain Taxi**, Trönuhraun 7c, 220 Hafnarfjörður, Tel. 5445252, www.mountaintaxi.is. Super-Jeep-Touren der exklusiveren Art.
- 160 [C4] **Mountaineers of Iceland**, Bankastræti 3, www.mountaineers.is, Tel. 5809900. Spezialisiert auf Schneemobiltouren auf Gletschern, ab 24.500 ISK pro Person (bei zwei Personen auf einem Schneemobil, Alleinfahrer zahlen 3900 ISK mehr).
- 161 [C6] **Reykjavík Excursions**, BSÍ Busterminal, Tel. 5805400, www.re.is. Reykjavík Excursions bietet verschiedene Bustouren, darunter samstags den „Saga Circle" (14.500 ISK) entlang einiger historischer Stätten der Wikinger und ihrer Sagen, an. Selbstverständlich hat auch dieser Operator die obligatorische

REYKJAVÍK ENTDECKEN
Reykjavík Outdoor – Natur und Abenteuer

> **EXTRATIPPS**
>
> ### Steuern eines Super-Jeeps
> Normalerweise sitzt man bei Super-Jeep-Touren nicht selbst am Steuer, sondern lässt sich auf dem Beifahrersitz oder auf der Rückbank durchschütteln. Wenn man selbst fahren möchte, sollte man vor der Buchung nachfragen. Ausnahme: Bei der U-Drive-Tour von Arctic Adventures sitzt man auf jeden Fall selbst am Steuer.
>
> ### Baden in heißen Quellen
> Ein absolutes Highlight eines Islandbesuchs ist das Baden in heißen Quellen – und zwar nicht im örtlichen Schwimmbad, sondern **draußen in der Natur.** Weniger als 30 Autominuten von Reykjavík entfernt liegt bei Hveragerði ㉖ das „Rauchtal" (Reykjardalur), das zum Geothermalgebiet Hengill gehört. Man kann sich alleine in das Gebiet aufmachen und die Natur erobern. Eine Karte erhält man bei der Touristeninfo Hveragerði (s. S. 89).
>
> Man sollte die Augen offen halten, denn Lavagebiete können Risse und brüchige Stellen aufweisen, die einbrechen können. Belohnt wird man mit wunderschöner Natur, dampfenden Tümpeln und Wasserläufen, an denen sich heiße Quellen mit kalten Bergbächen mengen und so natürliche Badestellen erschaffen.
>
> Wer dies beim ersten Mal lieber unter fachkundiger Führung erleben möchte, kann sich bei Icelandic Mountain Guides (s. S. 97) zu einer Höhlen- und Heiße-Quellen-Wanderung anmelden. Die Tour dauert 6 Stunden. Gute wetterfeste Kleidung und Wanderschuhe sind empfehlenswert, ebenso Badehose oder Badeanzug, falls man nicht nur die Füße ins Wasser hängen will.

Golden-Circle-Tour im Programm (9800 ISK, mit deutschen Reiseführern ganzjährig dienstags und samstags). Zur Blue Lagoon ㉘ geht es sogar mehrmals täglich (3200 ISK, inklusive Eintrittsgeld in die Blue Lagoon 6300 ISK). Der gleiche Preis gilt, wenn man sich direkt nach der Ankunft am Flughafen Keflavík zur Blue Lagoon chauffieren lassen möchte, noch bevor man nach Reykjavík weiterfährt. (Das Gepäck kann man ohne Aufpreis in Gepäckfächern aufbewahren.)

- **162** [C4] **Icelandic Excursions,** Hafnarstræti 20, Tel. 5401313, www.grayline.is. Tagestouren mit dem Bus, auch kombiniert mit Outdooraktivitäten.

Walbeobachtung

- **163** [B3] **Hvalalíf,** Suðurbugt, Tel. 5622300, www.hvalalif.is. Tägliche Fahrten auf einem großen, familienfreundlichen Schiff von April bis Oktober, im Winter Fr.–So. Erwachsene 7000 ISK (Sommer)/8000 ISK (Winter), 7–15 J. 3000/4000 ISK.

Reiten

- **164 Eldhestar,** Völlum, 810 Hveragerði, Tel. 4804800, www.eldhestar.is, mit Pick-up-Service von der Reykjavíker Unterkunft aus. Dieser Anbieter organisiert Halb- und Ganztagestouren, unter anderem eine Elfentour (1,5–2 Stunden, 68 € pro Person) entlang einiger mutmaßlicher Elfenwohnorte und -kirchen der Gegend. Ein eigenes, umweltfreundliches Hotel (z. T. auch für Rollstuhlfahrer geeignet) ist angegliedert.
- **165 Ishestar,** Sörlaskeið 26, 220 Hafnarfjörður, Tel. 5557000, www.ishestar.is. Ishestar bietet außer mehrstündigen auch halbstündige Reittouren innerhalb des Geländes für Kinder an (35 €, unter 12 J. 25 % Rabatt, unter 8 J. 50 %), außerdem Kombitouren mit Blue Lagoon ㉘ oder Walbeobachtung.

PRAKTISCHE REISETIPPS

ANREISE

FLUG

Von deutschen Flughäfen fliegen verschiedene Fluglinien direkt nach Reykjavík bzw., um genau zu sein, nach Keflavík, denn der internationale Flughafen Islands, der **Keflavík International Airport**, befindet sich etwa 50 km westlich der Hauptstadt auf dem Gelände der NATO-Basis bei Keflavík. Der Flug dauert etwa 3,5–4 Stunden.
> www.keflavikairport.com

Icelandair bietet von Frankfurt aus die meisten Verbindungen (vier- bis achtmal pro Woche), weitere von Berlin, Hamburg, Düsseldorf (Umsteigen in Kopenhagen) und München. Die Flüge mit Icelandair sind letztendlich oft auch nicht wirklich teurer als jene der Billigflieger (s. u.). Die Maschinen der Linie haben modern gestaltete Kabinen mit Multimediasystem (Spielfilme, Dokus, Spiele) im Vorderstuhl, deren Benutzung gratis ist. Ebenso umsonst sind die Getränke an Bord (ausgenommen alkoholhaltige Getränke). Gegen Bezahlung werden Snacks angeboten (Tipp: *Smurbrauð*, zwei belegte Roggenbrotscheiben, jeweils belegt mit geräuchertem Lachs und Roastbeef, 10 €). Die Sitzreihen haben einen größeren Abstand (circa 81 cm in der Economy Class) als beim durchschnittlichen Low-Cost-Anbieter.
> www.icelandair.de

Der Billigflieger **Icelandexpress** fliegt von Basel, Berlin, Frankfurt-Hahn und Friedrichshafen ein- bis dreimal pro Woche. **Germanwings** bietet im Sommer Direktflüge von Stuttgart und Köln-Bonn aus ein- bis zweimal pro Woche. Bei Flügen von Berlin-Tegel, Dresden, Leipzig, München, Wien und Zürich aus muss man in Stuttgart oder Köln-Bonn umsteigen.

Air Berlin fliegt im Sommer von Berlin, Hamburg, Düsseldorf, München und Wien ein- bis zweimal pro Woche nach Reykjavík. Von Dresden, Hannover, Innsbruck, Köln-Bonn, Münster, Nürnberg, Stuttgart und Zürich aus muss man auf einem der erstgenannten Flughäfen umsteigen.
> www.icelandexpress.com
> www.germanwings.com
> www.airberlin.com

Der **Winterflugplan** (etwa von Mitte/Ende September bis Mitte Mai) der meisten Linien sieht weitaus weniger Verbindungen vor. Auf jeden Fall fliegt Icelandair das ganze Jahr über,

PRAKTISCHE REISETIPPS
Anreise

> **EXTRATIPP**
>
> **Self-Service Check-in**
> Im Flughafen haben Reisende von Icelandair die Möglichkeit, selbst einzuchecken. An den kleinen Säulen kann man mit Namen, Reservierungsnummer oder ausgedrucktem Code Plätze reservieren sowie Boardingkarten und Gepäcklabel ausdrucken. Danach muss man nur noch das Gepäck abgeben, was meist viel schneller geht, als am normalen Schalter anzustehen.

wenn auch in den Wintermonaten mit reduzierter Frequenz.

Auf dem Flughafen Keflavík angekommen, sputen sich die Isländer schnellstens in den Tax-Free-Shop, um sich noch mit den nötigen **Spirituosen, Zigaretten oder Süßigkeiten** einzudecken. Billiger sind hier auch die **Prepaid-Telefonkarten** (Ersparnis um 24,5 % Mehrwertsteuer). Die beiden größten Mobilfunknetze Islands sind Síminn und Vodafone.

Die Koffer rollen normalerweise recht schnell vom Band, sodass man nicht allzu lange warten muss. In der Eingangshalle gibt es einen **Geldautomaten**. In Island ist es allerdings kein Problem, auch den winzigsten Betrag mit Kreditkarte zu bezahlen.

VOM FLUGHAFEN IN DIE STADT

Bus

Vom Flughafen sind es knapp 50 km bis zur Innenstadt Reykjavíks. Vor dem Flughafen sammelt der sogenannte **Flybus** von Reykjavík Excursions die Gäste ein, um sie zum zentralen Omnibusbahnhof BSÍ oder zu verschiedenen großen Hotels in Reykjavík zu bringen (eventuell mit Umsteigen am Busbahnhof). Wenn das eigene Hotel nicht dabei ist, lohnt es sich zu fragen, ob ein Hotel in der Nähe angefahren wird, denn oft liegen mehrere Hotels in einer Straße. (Man kann auch bereits bei der Hotelbuchung fragen, ob der Flybus die Unterkunft ansteuert.)

Die **Abfahrt richtet sich nach den Flugzeiten** und erfolgt etwa 35–40 Minuten nach Landung des Flugzeugs, die Fahrt dauert dann 50–75 Minuten. Der Bus hält auch in Hafnarfjörður und Garðabær. Das Unternehmen ist unkompliziert: Es fahren so viele Busse wie nötig.

Fahrkarten kauft man in der Halle am Schalter oder am Automaten. Tickets zum Busbahnhof BSÍ: 1950 ISK, mit Rückfahrt 3500 ISK, Tickets zum Hotel kosten 2500 ISK bzw. 4500 ISK (hin und zurück). Direkt am Busbahnhof BSÍ starten nur Überlandbusse. Ein Taxistand befindet sich auf der gegenüberliegenden Seite des Gebäudes. Zwei Stadtbuslinien halten über der Straße in der Gamla Hringbraut.

Man kann bei Reykjavík Excursions auch eine Fahrt buchen, bei der ein eineinhalbstündiger **Zwischenstopp in der Blue Lagoon** eingelegt wird (s. S. 97).
› www.re.is

Eine weitere Gesellschaft, **Shuttle Service**, bringt Fahrgäste direkt zu den verschiedenen Hotels ohne eventuelles Umsteigen am Busbahnhof. Eine solche Fahrt muss allerdings im Voraus gebucht werden (3000 ISK bzw. 5300 ISK inkl. Rückfahrt).
› www.shuttleservice.is, Tel. 5787070

◀ *Vom Flughafen in Reykjavík starten Flüge nach Grönland und die Faröer Inseln*

Taxi

Wenn man einen **Festpreis vereinbaren** kann durch vorherige Buchung oder Absprache, dann kostet die Fahrt ins Reykjavíker Zentrum meistens zwischen 13.000 und 14.000 ISK. Wenn der Zähler läuft, wird der Betrag vor allem nachts und frühmorgens um einiges höher sein.

› www.airporttaxi.is, Tel. 5201212
› www.hreyfill.is, Tel. 5885522

Autovermietung

Verschiedene Autovermietungen haben eine Niederlassung in der Ankunftshalle im Flughafen: Avis, Budget, Hertz und National Car Rental. In der Stadt selbst existieren noch mehr Autovermieter, man kann also erst mit dem Flybus in die Stadt und anschließend einen Wagen mieten (Details s. S. 104).

AUSRÜSTUNG UND KLEIDUNG

Das Wetter ist in Island **sehr wechselhaft** und auch wenn die Reykjavíker Jugendlichen im T-Shirt herumlaufen, bedeutet das noch lange nicht, dass es – relativ zu mitteleuropäischen Maßstäben – warm ist. Es bedeutet nur, dass jetzt offiziell die Sommersaison angebrochen ist. Die Sommertemperaturen bei gutem Wetter liegen zwischen 10 und 15 °C. Eine **regen- und windtaugliche Jacke** sollte man also immer dabei haben, außerhalb der Sommermonate auch **Mütze und Handschuhe**. Wer zudem Outdooraktivitäten im Blick hat, sollte nach Möglichkeit gute Wanderschuhe, wetterfeste Kleidung, Mütze und Handschuhe mitbringen.

Von Mai bis August wird es nachts nicht mehr wirklich dunkel und nicht alle Hotels und Guesthouses sind mit komplett lichtundurchlässigen Gardinen ausgestattet. Falls man bei Helligkeit schlecht schläft, steckt man besser eine **Schlafbrille** ein. Was das Nachtleben angeht, so legen Isländer/-innen großen Wert auf gepflegte Kleidung, daher sollte man zumindest ein **ausgehtaugliches Outfit** mitnehmen.

AUTOFAHREN

ALLGEMEINE HINWEISE

Wer Ausflüge außerhalb der Stadt unternehmen will, kann entweder Touren bei Reiseanbietern buchen (s. S. 94) oder selbst ein Auto mieten (s. u.). Der **Ausbauzustand des isländischen Straßennetzes** verbessert sich stetig. Außerhalb der Städte sind die wichtigsten Straßen wie die Ringstraße Nr. 1 geteert, kleinere Straßen können von Asphalt auf

▶ *Unter dem Schnee liegt eine gefährliche Eisdecke*

PRAKTISCHE REISETIPPS
Autofahren

Schotterstraßen übergehen (wird mit Schildern angegeben). Im Inland sind manche Straßen nur mit Vierradantrieb befahrbar.

Am Straßenrand stehen regelmäßig Tafeln, die die Windrichtung und die Temperatur des Straßenbelags angeben. Ohne Erfahrung in Island unterschätzt man leicht die **Stärke des Windes** oder den **Straßenzustand**. Das ganze Jahr über kann man sich bei der Straßenbehörde Vegagerðin gratis über den Zustand von Straßen erkundigen – ein hervorragender Service, den man auf jeden Fall nutzen sollte. Auf der Karte im Internet ist angegeben, welche Straßen wie gut befahrbar und welche Straßen ganz gesperrt sind. Man kann aber auch jederzeit anrufen, wenn man Zweifel hat.

› www.vegagerdin.is/english, Tel. 1777 und 1779 (vom Band), Notruf 112

Gefährliche Situationen in Island entstehen häufig, weil Fahrer **mit zu hoher Geschwindigkeit für die jeweilige Situation** fahren oder die Straßenbedingungen unterschätzen. Vor allem plötzliche Wetterwechsel, unübersichtliche Verhältnisse und **Schafe**

> **EXTRATIPP**
>
> ### Knöllchen
> Sie sind fleißig, die isländischen Knöllchenausteiler. Sollte man also auch nur wenige Minuten zu spät wieder am Auto sein, ist die Chance recht groß, dass man bereits einen Strafzettel an der Windschutzscheibe vorfindet. Zahlen kann man die Knöllchen bei allen Banken und beim Postamt, bar oder mit Kreditkarte. Zahlt man innerhalb von drei Tagen, erhält man einen Rabatt von 550 ISK, zahlt man aber später als 14 Tage, erhöht sich der Betrag um 50 %!

oder andere Tiere auf der Fahrbahn führen regelmäßig zu Unfällen. Es kann außerhalb der Stadt jederzeit passieren, dass Schafe oder Pferde plötzlich auf die Idee kommen, die Straße überqueren zu wollen. Manchmal rennt zudem ein Hund wie von der Tarantel gestochen von einem Hof auf die Straße, um das Auto zu stellen oder eine Weile mitzulaufen. Viele Touristen unterschätzen diese Gefahren, also unbedingt wachsam und vorsichtig fahren! Wer plant,

in Island selbst mit dem Auto unterwegs zu sein, sollte sich den kurzen **Informationsfilm** auf folgender Internetseite anschauen:
> http://us.is/id/2696
> **Höchstgeschwindigkeiten:** innerorts 50 km/h, außerorts 90 km/h (asphaltierte Straße) bzw. 80 km/h (Schotterstraßen und für Fahrzeuge mit Anhänger). Grundsätzlich gilt: Die oben genannten Geschwindigkeiten sind die maximal zulässigen. Die Geschwindigkeit ist aber jederzeit an die entsprechende Straßen-/Wettersituation anzupassen.
> In Island gilt die **Null-Promille-Grenze.**
> Das **Abblendlicht** muss zu jeder Tages- und Nachtzeit eingeschaltet sein.

TANKSTELLEN

Tankstellen sind in vielen kleineren Orten der **Mittelpunkt des sozialen Lebens.** Hierhin kommt man nicht nur zum Tanken, sondern auch zum Einkaufen oder Kaffeetrinken. In vielen erhält man auch kleine warme Snacks wie Hotdogs oder Burger.

Vor allem außerhalb der Stadt kann man an den Säulen teilweise nur mit **Prepaid-Karten** tanken, die man an den Tankstellen (jede Gesellschaft hat ihre eigenen Karten) zu Beträgen zwischen 2000 und 10.000 ISK erwerben kann. Bei anderen Tankstellen muss man einen Knopf drücken oder sich erst drinnen melden, wenn die Kreditkarte nicht im Automat funktioniert und man drinnen bezahlen möchte. Große Tankstellen haben Selbstbedienungssäulen und (teurere) Säulen mit Service.

MIETWAGEN

Mietwagen vermittelt die Touristeninformation (s. S. 108) oder die einzelnen Firmen selbst. Die Saison ist recht kurz und die Autos leiden einigermaßen unter den isländischen Straßenbedingungen, daher sind die **Preise recht hoch** (von etwa 60 € pro Tag für einen Kleinwagen in der Nebensaison bis etwa 400 € für einen großen Jeep mit Vierradantrieb in der Hochsaison). Für 3–4 Personen kann es sich daher rechnen, ein Taxi für eine Tagestour anzumieten. Hier eine **Liste der Anbieter von Mietwagen** in Reykjavík:
> www.atak.is
> www.avis.is
> www.budget.is
> www.cheapjeeps.is
> www.europcar.is
> www.hertz.is
> www.holdur.is
> www.sixt.is
> www.billiger-mietwagen.de: Online-Mietwagenpreisvergleich, um den aktuell günstigsten Preis zu finden.

Normalerweise bieten die Autoverleiher einen **Hol- und Bringservice.** Man wird von der Unterkunft (oder von wo auch immer in der Stadt) abgeholt und zur Vermietungszentrale chauffiert.

BARRIEREFREIES REISEN

Die Stadt selbst ist zwar nicht außergewöhnlich hügelig, aber doch einigermaßen beschwerlich, wenn man schwer zu Fuß oder im Rollstuhl unterwegs ist. Im Winter (kann sich bis in den April hinziehen) wird sehr wenig gestreut oder saubergefegt. Zwar sind in der alten Innenstadt die Straßen mit Heißwasserleitungen unterlegt, weshalb **Eis und Schnee** relativ schnell auch wieder verschwinden, aber es bleiben **viele rutschige und schwierige Stellen.** Die meisten Hotels, Gaststätten und öffentlichen Einrichtungen (Museen) sind barrierefrei.

Iceland Unlimited, Tel. 4450919, www.icelandunlimited.is, bietet Reisen für Behinderte in Island an. Alternativ kann man mit der Behindertenorganisation Reykjavíks Kontakt aufnehmen:

- **170** [I5] **Sjálfsbjörg landssamband fatlaðra,** Hátún 12, Tel. 5500360, www.sjalfsbjorg.is, Mo.–Fr. 9–16.15, Fr. 8–13 Uhr

DIPLOMATISCHE VERTRETUNGEN

- **Deutsche Botschaft Reykjavík,** Laufásvegur 31, 101 Reykjavík, Tel. +354 5301100, Bereitschaftsdienst für Notfälle: +354 6637800, Fax +354 5301101 www.reykjavik.diplo.de, Mo.–Fr. 9–12 Uhr
- **Österreichisches Honorargeneralkonsulat,** Orrahólar 5, 111 Reykjavík, Tel. +354 5575464, www.bmeia.gv.at, Mo.–Do. 9–16 Uhr. Keine Botschaft vor Ort, erste Anlaufstelle ist der Generalkonsul.
- **Schweizer Generalkonsulat,** Laugavegur 13, 101 Reykjavík, Tel. +354 5517172, Fax +354 5517179, www.eda.admin.ch

EIN- UND AUSREISEBESTIMMUNGEN

Für die Einreise braucht man einen gültigen deutschen, österreichischen oder Schweizer **Personalausweis oder Reisepass,** der drei Monate länger gültig ist als die Reisezeit. Für die **Einfuhr von Waren** siehe die detaillierten Informationen auf folgender (englischsprachiger) Website:

- www.kefairport.is/English/Before-Departure/Customs-Regulations

Das Mindestalter für die **Einfuhr von Alkohol** beträgt 20 Jahre, für Tabak 18 Jahre. **Angel- und Reitausrüstungen müssen desinfiziert sein** (von öffentlicher Stelle mittels Zertifikat nachgewiesen), ansonsten muss alles noch einmal in Island auf eigene Kosten desinfiziert werden. Weitere Informationen unter Tel. +354 4250444.

Für die **Mitnahme von Haustieren** benötigt man eine Genehmigung des isländischen Landwirtschaftsministeriums. Eine Quarantänezeit ist auf alle Fälle obligatorisch.

ELEKTRIZITÄT

Die Stromspannung im isländischen Netz beträgt 220 Volt bei 50 Hertz, entspricht also dem mitteleuropäischen Standard. Auch die Steckdosen entsprechen den unseren.

GELDFRAGEN

WÄHRUNG UND PREISE

Die offizielle Währung ist die **Isländische Krone, ISK** oder kr. abgekürzt. Am Flughafen und in der Innenstadt gibt es zahlreiche Geldautomaten, an denen man mit einer Maestro-(EC-)Karte Geld abheben kann, und in den Banken kann man Euros in Kronen umtauschen, aber eigentlich bezahlen die Isländer alles – selbst sehr kleine Beträge – mit **Kreditkarte.**

Island ist generell kein Billigland, da sehr vieles importiert werden muss. Seit Beginn der Finanz-

Geldfragen

EXTRAINFO

Nach der Verstaatlichung fast aller Banken zwischen Herbst 2008 und Frühjahr 2009 und der damit einhergehenden Wirtschaftskrise ist der Kurs der Isländischen Krone gegenüber dem Euro erheblich gesunken. Der Euro ist also wesentlich mehr wert als noch vor kurzer Zeit. Noch immer fluktuiert der Kurs stark und es ist durchaus sinnvoll, den jeweiligen **Tageskurs** zu checken, z. B. auf
> www.oanda.com.

Aktueller Kurs (Stand Juni 2011):
1 € = 165,59 ISK,
1 CHF = 135,22 ISK
1 ISK = 0,0060 € bzw. 0,0074 CHF

krise Ende 2008 stand der Kurs der Isländischen Krone stark unter Druck. Dies hat dazu geführt, dass das ehemals extrem teure Island auf einmal erschwinglich ist – solange man sein Geld in Euros oder Franken verdient. Für die Isländer selbst sind die Lebenshaltungskosten seit Beginn der Finanzkrise aber erheblich gestiegen. Deshalb sind viele Touristikunternehmen (Hotels, Reiseunternehmen) sogar dazu übergegangen, ihre Preise in Euros anzugeben.

Dank der Finanzkrise ist für Touristen also vieles recht erschwinglich geworden. Ein 3-Gänge-Menü in einem guten Restaurant (5000–7000 ISK) kostete im Sommer 2011 zwischen 30 und 42 €, während dies im Frühjahr 2008 noch umgerechnet 60–80 € waren.

Weitere **Preisbeispiele:** Eine Tasse Tee oder Kaffee kostet meist 350–500 ISK, ein Stück Kuchen 500–900 ISK, belegte Brote zum Mitnehmen 600–1000 ISK, Erfrischungsgetränke 300–500 ISK. **Alkohol ist teuer,** ein Glas Bier kostet zwischen 600–1000 ISK, ein Glas Hauswein 900–1300 ISK.

In den Sommermonaten muss man pro Person für eine **Übernachtung** in Hotel oder Apartment 10.000–15.000 ISK einplanen. Ein Bett im Schlafsaal der Jugendherberge kostet circa 2700–3300 ISK. Der große Vorteil eines Apartments ist, dass man sich selbst versorgen und so die Kosten für die (Zwischen-)Mahlzeiten reduzieren kann.

Der Eintritt in Museen schlägt mit 700–1000 ISK zu Buche, einige haben mittwochs freien Eintritt, nur wenige sind immer gratis. Ausflugstouren in das Reykjaviker Umland kosten je nach Länge und Materialaufwand 7000–25.000 ISK.

▲ *„Íslensk hönnun" an der Eingangstür zeigt an, dass hier isländisches Design verkauft wird*

TAX-FREE

Für alle Dinge, die man als Ausländer in Island erwirbt und ausführt, kann man ein **Tax-Free-Formular** erhalten, wenn man auf einmal Waren im Wert von mindestens 4000 ISK erwirbt. Im Laden wird das Formular gleich mit dem Kassenbon ausgedruckt. (Ausnahme: Auf Kunsthandwerk, das man direkt beim Künstler erwirbt, wird keine Mehrwertsteuer berechnet.)

Nach dem Einlösen des Formulars **erhält man bis zu 15 % des Einkaufsbetrags zurück.** Man kann sich Zeit auf dem Flughafen ersparen, wo die Warteschlange meist recht lang ist, indem man die Formulare bereits vorher ausfüllt und bei den Tax-Free-Schaltern in einer der beiden Touristeninformationen oder im Kringlan (s. S. 21) einlöst. Den Betrag kann

▲ *Die Reykjavík Welcome Card bietet die Möglichkeit, mit wenig Geld viele Facetten der Stadt kennenzulernen*

REYKJAVÍK PREISWERT

› Die **Reykjavík Welcome Card** gewährt gratis Zugang zu Museen, Schwimmbädern, Bus, Viðey-Fähre und Internetportalen in den Touristeninformationen. Sie kostet für 24 Std. 1900 ISK, für 48 Std. 2400 ISK und für 72 Std. 2900 ISK und ist z. B. in der Touristeninformation Aðalstræt und Bankastræti (s. S. 108), am BSÍ Busbahnhof (s. S. 108), am Busbahnhof Hlemmur, im City Hostel (s. S. 122), dem Campingplatz (s. S. 122) oder im Hotel Hilton Nordica (s. S. 120) erhältlich.

› Mit der **Norden Voyager Card** erhält man Rabatt (10–20 %) in Restaurants, Cafés, Geschäften, bei Reiseveranstaltern und Hotels. Die Karte kann über das Internet bestellt werden (www.nordenvoyager.com) und kostet 19,95 $ (zzgl. Porto 4–7 $). Kurzentschlossene können sich die Karte auch in ihre Unterkunft in Reykjavík bringen lassen (7 $ extra).

› In der ganzen Stadt liegt in vielen Läden, Unterkünften und den Touristeninformationen ein kleiner, informativer gelber „**Visitor's Guide**" aus, der Rabattgutscheine für bestimmte Restaurants und Geschäfte enthält.

› Das **Wasser aus dem Wasserhahn** ist von hervorragender Qualität und überall frei zu bekommen. Für unterwegs kauft man also nur einmal eine Flasche, die man dann immer wieder nachfüllt. In Cafés und Restaurants ist das Wasser kostenlos. Teilweise kann man sich auch Kaffee oder Tee kostenlos nachschenken lassen.

› Verhältnismäßig günstig sind **lokale Spezialitäten** wie Skyr (s. S. 34), Fisch und auch Lammfleisch.

man sich sofort in Isländischen Kronen oder einer anderen Währung auszahlen oder auf der Kreditkarte gutschreiben lassen. Wichtig ist, dass man die gestempelten Formulare auf dem Flughafen in den Briefkasten neben dem Tax-Free-Schalter wirft oder von zu Hause zurückschickt, sonst wird der gesamte Mehrwertsteuerbetrag von 24,5 % abgebucht.

Wichtig: Hat man einen teuren Gegenstand erworben, bei dem man mehr als 5000 ISK auf einmal zurückbekommt, so benötigt man einen Stempel vom isländischen Zoll (im Flughafen Keflavík unten in der Abflughalle). (Ausnahme: Isländische Wollwaren, hierfür wird auch über 5000 ISK kein Stempel benötigt.) Dazu muss man die Güter vorzeigen können, also unbedingt den Stempel abholen, bevor man den Koffer aufgibt. Die weiteren Tax-Free-Formalitäten werden dann nach der Zugangskontrolle abgewickelt.

INFORMATIONS- QUELLEN

INFOSTELLEN ZU HAUSE

› **In Deutschland:** Botschaft der Republik Island, Rauchstraße 1, 10787 Berlin, Tel. 030 50504000, Mo.–Fr. 9–16 Uhr, www.botschaft-island.de
› **In Österreich:** Botschaft von Island, Naglergasse 2/3/8, 1010 Wien, Tel. 01 5332771, Mo.–Fr. 9–16 Uhr, www.iceland.org/at
› **In der Schweiz** (zuständig ist die isländische Botschaft in Belgien): Botschaft von Island, Rond-Point Schuman 11, B-1040 Bruxelles, Tel. +32 (0)2 2385000, Mo.–Fr. 9–17 Uhr, www.iceland.org/be

INFOSTELLEN IN REYKJAVÍK

❶ **171** [B3] **Touristeninformation der Stadt Reykjavík (Tourist Information Centre),** Aðalstræti 2, Tel. 5901550, 1.6.–15.9. tgl. 8.30–19 Uhr, 16.9–31.5. Mo.–Fr. 9–18, Sa. 9–16, So. 9–14 Uhr, www.visitreykjavik.is. In der zentralen Touristeninformation (mit Internetcafé) im Stadtzentrum liegt jede Menge Informationsmaterial aus, zudem wird man zum aktuellen, laufenden Programm in der Stadt beraten. Außerdem bestehen Buchungsmöglichkeiten für Tagestouren, Mietwagen und Hotels. Hier erhält man auch die Reykjavík Welcome Card und hat die Möglichkeit, die Tax-Free-Formalitäten abzuwickeln (s. S. 107).

❶ **172** [C4] **The Icelandic Travel Market,** Bankastræti 2, Tel. 5224979, www.itm.is, Juni–Aug. tgl. 8–18 Uhr, Sept.–Mai tgl. 8–19 Uhr, mit Internetcafé. Auch hier finden sich alle interessanten Informationen und Buchungsmöglichkeiten und auch hier kann man Touren verschiedener Anbieter buchen. Zum Unternehmen gehören Iceland Rovers und Icelandic Mountain Guides. Tax-Free-Schalter für Iceland Refund tgl. 10–17.30 Uhr.

❶ **173** [C6] **Busbahnhof BSÍ (Umferðamiðstöðin BSÍ),** Vatnsmýrarvegur 10, 101 Reykjavík, Tel. 5621011, www.bsi.is, tgl. 4.30–24 Uhr. Mehrere Busunternehmen, die Überlandfahrten anbieten, haben sich zusammengeschlossen und direkt am Busbahnhof BSÍ einen gemeinsamen Informationsschalter eröffnet.

› **Fahrplanauskünfte:** In allen Touristeninformationen und den Busbahnhöfen liegen Pläne mit den Buslinien und Fahrzeiten der innerstädtischen Busse aus.

▶ *Die Reykjavíker Touristeninformation in der Aðalstræti*

FUNDBÜROS

In der Stadt:
- ●174 [F5] **Polizei,** Hverfisgata 113, Tel. 4441400, Mo.–Fr. 8–16 Uhr

Am Flughafen kümmern sich folgende Stellen um Verlorengegangenes:
> **IGS Airport Services (Icelandair und SAS),** Tel. 4250226, baggage@ icelandair.is
> **Airport Associates (Iceland Express, Air Berlin),** lf@airportassociates.com, Tel. 4250705
> **Property Office – Airport Terminal Police,** Tel. 4201808, lostandfound@dc.is, Mo.–Fr. 9–13, Tel. Mo.–Fr. 9–16 Uhr. Hier sammeln sich all jene Dinge, die in der Eingangs- oder Abflughalle verloren gegangen sind.

TICKETS

Es gibt **kein zentrales Ticketbüro,** aber die Webseite www.midi.is, über die die meisten Karten angeboten werden. Man kann seine Eintrittskarten auch direkt an der Abendkasse kaufen. Möchte man sich über das kulturelle und sportliche Angebot informieren oder ist man sich nicht sicher, wie man an Tickets kommt, so hilft die Touristeninformation in der Aðalstræti (s. o.) gerne tatkräftig weiter.

REYKJAVÍK IM INTERNET

Isländer haben eine Vorliebe für alles Neue. Daher sind viele Unternehmen, Cafés, Restaurants und Bars inzwischen dazu übergegangen, die Website eher nebenher laufen zu lassen und ihre Energie auf die jeweiligen **Facebook-Seiten** zu konzentrieren, wo Sonderangebote, Konzerttermine und andere Nachrichten direkt an alle Freunde weitergeleitet werden. Alle folgenden Websites sind (auch) in englischer Sprache:

> www.cia.is: Website des Center for Icelandic Art. Wer sich für zeitgenössische isländische Kunst interessiert, findet auf dieser Seite Informationen über Künstler, Institutionen und nützliche Links.
> www.gayice.is: Informationsportal zu aktuellen Entwicklungen, Adressen und Tipps der queeren Szene
> www.grapevine.is: Die Onlineversion der Papierausgabe (s. u.). Grapevine hat oft einen recht bissigen Blick auf das Geschehen.
> www.heimur.is/world: Hier findet man die Onlineversionen verschiedener Informationsbroschüren gesammelt, die gedruckt in der Stadt ausliegen – um schon im Voraus auf den Geschmack zu kommen.
> www.icelandicreview.com: täglich aktualisierte Website mit Nachrichten und kurzen Artikeln zum Leben in der Stadt
> www.ja.is: Auf der zentralen isländischen Adressenwebsite kann man das Telefonbuch *(símaskrá),* die Gelben Seiten *(gulu siðurnar)* oder eine Landkarte *(kortavefur)* durchforsten. Die Onlinekarte zeigt auf dem genausten Zoomniveau sogar die Hausnummern an. Um isländische Buchstaben einzugeben, betätigt man den Knopf „íslenskir stafir" bzw. „Icelandic letters". Die korrekte Schreibweise ist sehr wichtig, denn das Programm zeigt keine ähnlichen Treffer. Das

Telefonbuch umfasst das ganze Land und ist nach Vornamen geordnet, es kann nach Namen, Straßennamen und Telefonnummern durchsucht werden.
- **www.restaurants.is**: Portal mit Restaurantbeschreibungen, zu Reykjavíks Gastronomie auch einigermaßen vollständig, teilweise mit Kommentaren und Gästebewertungen
- **www.reykjavik.is**: offizielle Website der Stadt
- **www.sundlaugar.is**: Informationsseite zu rund 200 Schwimmbädern und heißen Quellen in Island
- **www.visitreykjavik.is**: Die offizielle Touristeninformationsseite der Stadt Reykjavík ist die ideale Startseite für einen Reykjavíkbesuch, denn sie ist gespickt mit sehr viel nützlichen Besucherinfos, von der Unterkunft über Restaurants und Schwimmbäder hin zu Touren auch außerhalb der Stadt, kulturellen Events und Hintergrundinfos zur Stadt. Auf dieser Site gibt es auch einen Link zu:
- **www.mobileguide.is**: Hierbei handelt es sich um einen kostenlosen Guide mit allen aktuellen Infos zu Island und Reykjavík, den man sich aufs Handy laden kann. Einfach den Anweisungen auf der Website folgen und schon wird die Anwendung mit allen Infos aufs Handy geladen (Internetzugang erforderlich). Dies kann man bereits vor Reiseantritt tun, dann fallen keine Roamingkosten an.

EXTRATIPP

Wo gibts was besonders günstig?
Möchte man sich über **aktuelle Sonderpreise** z. B. im Supermarkt informieren, schaut man am besten in eine Tageszeitung. Morgunblaðið ist eine (eher konservativ geprägte) Qualitätszeitung, DV eher ein Boulevardblatt und Fréttablaðið eine Gratiszeitung. In den Cafés und Kneipen liegen normalerweise wenigstens Exemplare von Fréttablaðið aus.

UNSERE LITERATURTIPPS

*Hier finden Sie unsere persönlichen Lesevorschläge. Alle Romanautoren haben nationale und internationale Preise gewonnen und gehören zu den besten Literaten Islands. 2011 ist Island **Gastland auf der Frankfurter Buchmesse**, man darf sich also au[f] neu übersetzte Bücher freuen.*

Klassiker
- *Die **Sagen der Edda** (Jüngere und Ältere Edda) vermitteln einen Einblick in die Geschichte der Isländer, mit der sich auch die modernen Inselbewohner noch verbunden fühlen. Die Sagen gelten als nationales Erbe und sind ein wichtiger Bestandteil der nationalen Identität.*
- *Der literarische Großvater der heutigen Autorengeneration, **Halldór Laxness**, gewann 1955 den Nobelpreis für Literatur. Seine Werke, in denen er seine Landsleute immer mit einem ironischen Abstand betrachtet, sind allesamt Klassiker. (Eine spannende Biografie über ihn stammt von Halldór Guðmundsson.)*

Romane zeitgenössischer Autoren
- ***Arnaldur Indriðason:*** *Mit „Nordermoor", einem stimmungsvollen Kriminalroman der Extraklasse (verfilmt), fing alles an. Davon zeugen auch die unzähligen nationalen und internationalen Preise für seine Reihe um den Kriminalkommissar Erlendur Sveinsson. Arnaldur Indriðasons Kriminalromane spielen sich zum größten Teil in der Hauptstadt Reykjavík ab. Indriðason ist der erfolgreichste Autor Islands.*

- **Auður Jónsdóttir,** die Enkelin von Halldór Laxness, hat sich im skandinavischen Sprachraum mit Romanen und Theaterstücken bereits als witzige und scharfe Beobachterin der Gesellschaft etabliert. Auf Deutsch ist bisher ihr Roman „Jenseits des Meeres liegt die ganze Welt" erschienen.
- **Einar Kárason,** der „John Irving Islands", schreibt mit viel Witz rasante Romane über Typen, die am Leben scheitern. „Die Teufelsinsel" gilt als moderner Klassiker.
- **Hallgrímur Helgason:** Sein Buch „101 Reykjavík" ist schon jetzt ein moderner Klassiker, seine (Anti-)Helden beschreibt der Autor, der außerdem Comics zeichnet, mit viel schwarzem Humor.
- **Kristín Marja Baldursdóttir:** Die Autorin gibt mit ihren Romanen über starke Frauen Einblicke in die Entwicklung der isländischen Gesellschaft und in die neuere Geschichte. „Möwengelächter" wurde verfilmt, „Die Eismalerin" und „Die Farben der Insel" sind ein prächtiges Familienepos über das 20. Jh. in Island.
- Mit „Schattenfuchs" legte **Sjón,** der eigentlich Sigurjón Birgir Sigurðsson heißt, einen viel beachteten Roman vor. Er verfasst außerdem Lyrik, Liedtexte und Drehbücher. Für seine Liedtexte für Lars von Triers Film „Dancer in the Dark" erhielt er eine Oscar-Nominierung.

Kinderbücher

- Der Autor und Illustrator **Thorarinn (Þórarinn) Leifsson** - kurz „Totil" genannt - hat mit „Papas Geheimnis" ein äußerst originelles, mit viel schwarzem Humor angereichertes Kinderbuch geschrieben - unbedingt lesenswert!
- In der spannenden „Geschichte vom blauen Planeten" erzählt **Andri Snær Magnason** von einem Planeten, auf dem nur Kinder wohnen, die machen, was sie wollen, und dabei glücklich sind. Als ein Erwachsener kommt ist die Idylle gefährdet.

Sachbücher

- Geschichte: **Gunnar Karlsson, „Eine kompakte Geschichte Islands",** Reykjavík, 2010. Die Geschichte Islands kurz und knackig auf 72 Seiten und nicht ohne Humor erklärt (Verlag in Island).
- Reise und Literatur: **Arthúr Björgvin Bollason, „Island: Ein Reisebegleiter",** Frankfurt, 2009. Stimmungsvolles Buch auf den Spuren isländischer und internationaler Autoren auf der Insel.
- Reise und Literatur: **Ursula Spitzbart, „Zwischen Licht und Dunkel - Abenteuer Alltag in Island",** Oldenburg, 2010. Einblicke in das tägliche Leben auf der Atlantikinsel. Als Lesefutter nach der Reise oder als Geschenk für alle, die mehr über Island erfahren möchten.
- Gesellschaft: **Andri Snær Magnason, Traumland",** Freiburg, 2011. Dieses wichtige Sachbuch über den Ausverkauf eines Landes und die globale Macht großer, profitgieriger Konzerne wurde auch als Dokumentarfilm auf der ganzen Welt gezeigt und diskutiert.

Wer ungestört speziell isländische Bücher und DVDs durchstöbern möchte, dem sei folgende spezialisierte Website ans Herz gelegt:
- www.islandbuecher.de

PUBLIKATIONEN UND MEDIEN

Für Touristen liegen in den Touristeninformationsstellen, in Hotels, Guesthouses und teilweise in den Buchläden und Cafés **jede Menge Broschüren** aus. Im Prinzip sind alle Broschüren in englischer Sprache gehalten, nur äußerst selten findet sich etwas auf Deutsch. Alle Broschüren, sind mit Innenstadtplänen ausgestattet.
> **What's on:** Informiert für den jeweiligen Monat über die Termine für Ausstellungen und klassische Vorstellungen (Musik, Theater, Tanz). Adressen und Öffnungszeiten von Kultureinrichtungen (www.whatson.is).
> **Grapevine:** Im zwei- (Sommer) oder vierwöchigen Turnus erscheinende Zeitung mit Artikeln zum aktuellen Geschehen und vielen Informationen zu Restaurants und Veranstaltungsorten sowie einem aktuellen Kalender, der darüber Auskunft gibt, welche musikalischen Ereignisse wo stattfinden (www.grapevine.is).
> **Visitor's Guide:** In der ganzen Stadt liegt ein kleiner, informativer, gelber „Visitor's Guide" aus, der Gutscheine für Rabatte in bestimmten Restaurants und Geschäften enthält.

In den Sommermonaten werden in den Buchläden (s. S. 25) **deutschsprachige Zeitungen** und übersetzte Bücher isländischer Autoren verkauft.

INTERNET UND INTERNETCAFÉS

In Reykjavík findet man keine speziellen Internetcafés mit Dutzenden von Computern, da man sich in fast allen Cafés und Kneipen ins drahtlose WLAN-Netz einloggen kann. Die meisten Orte bieten ein bis vier Computer, aber das reicht auch völlig aus. Wenn man keinen Laptop dabei hat, so findet man hier PC-Plätze vor:
> **Touristeninformation** (s. S. 108)
> **The Icelandic Travel Market** (s. S. 108)
> **Café im Rathaus** 5
> **The Laundromat Café** (s. S. 38)

MEDIZINISCHE VERSORGUNG

> **Notrufnummer:** Tel. 112
> **175** [J15] **Bereitschaftsdienst (Læknavaktin),** Smáratorg 1, Kópavogur, Tel. 1770, Mo.–Fr. 17–23.30, Sa., So. 9–23.30 Uhr
> **176 Private Health Clinic,** Holtasmára 1, 201 Kópavogur, Tel. 5106500, www.hv.is, Mo.–Fr 9–12 Uhr. Man kann ohne Voranmeldung vorbeikommen oder einen Termin vereinbaren, der Arztbesuch schlägt mit 5500 ISK zu Buche, Spezialbehandlungen kosten extra.
> **177** [I10] **Notaufnahme Staatl. Krankenhaus Fossvogur,** Tel. 5431000, bei Háaleitisbraut und Bústaðavegur
> **178** [B3] **Staatl. Gesundheitszentrum (Heilsugæslustöð) Stadtmitte,** Vesturgata 7, Tel. 5852600, www.heilsugaeslan.is (hier sind weitere Zentren zu finden), 8–16 Uhr nach Terminvereinbarung (mit Ausweis und europäischer Versicherungskarte 1000 ISK, ohne 5900 ISK), 16–18 Uhr ohne Terminvereinbarung (2600 bzw. 8700 ISK)
> Infonummer und Internetpräsenz zu **diensthabenden Zahnärzten:** Tel. 5750505, www.tannsi.is

Apotheken im Zentrum
> **179** [I6] **Lyfja Apótek,** Laugavegur 16, 5524045, Mo.–Fr. 9–18, Sa. 11–16 Uhr
> **180** [D4] **Lyfja Apótek,** Lágmúli 5, Tel. 5332300, tgl. 7–1 Uhr

MIT KINDERN UNTERWEGS

Reykjavík hat für junge Besucher einiges zu bieten. Oftmals sind Museen, Schwimmbäder und andere Attraktionen für Kinder und Jugendliche entweder umsonst oder mit deutlichem Rabatt zugänglich.

DRINNEN

Alle hier genannten Museen haben interessante und moderne Multimedia- und spielerische Bereiche, die speziell für Kinder und Jugendliche geeignet sind. Die Beschriftungen in den Museen sind meist auf Englisch gehalten, manchmal gibt es auch Broschüren mit deutschen Texten.

❷ [B4] **871±2.** Wie zu Wikingerzeiten Häuser gebaut wurden und wie diese aussahen. Die Ausstellung ist multimedial interessant gestaltet und zeigt Ausgrabungsfunde der ersten Siedlung Reykjavíks.

❯ **Ásmundur Sveinsson Museum** (s. S. 42). Hier darf man im Skulpturengarten sogar in manchen Installationen herumkraxeln, zudem ist der Eintritt frei.

㉗ **Energiezentrale Hellisheiði.** Geothermale Energiezentrale, in der man kindgerecht an riesigen und kleinen Touchscreens viele Informationen dazu bekommt, wie die erneuerbare Energie für Islands Hauptstadt gewonnen wird. Außerdem werden Infos zum Phänomen Erdbeben präsentiert. Tipp: Vor dem Bildschirm hüpfen und schauen, wie sich die Amplitude verändert.

⓫ [C3] **Flohmarkt Kolaportið.** Kunterbuntes Allerlei, auch für Kinder und Jugendliche geeignet.

▲ *Am Seemannstag (s. S. 16) lädt der Hafen Groß und Klein zur Besichtigung ein*

PRAKTISCHE REISETIPPS
Mit Kindern unterwegs

⓰ [B5] **Nationalmuseum.** Hier begeistern u. a. Schwerter, Gebrauchs- und Kultgegenstände und Bücher seit der Wikingerzeit das junge Publikum. Beispielsweise können Kinder in einem extra Raum wiegen, wie schwer ein Kettenhemd eigentlich ist, oder erfahren, wie es sich anfühlt, Schild und Schwert in Händen zu halten, und wie man in historischer Kleidung aussieht. Audioführung mit MP3-Player auch auf Deutsch.

› **Saga Museum** (s. S. 45). Das Wachsfigurenkabinett mit lebensgroßen Wikingern ist im Erdgeschoss der Perlan ⓱ untergebracht und für Kinder sicherlich interessant. Nach dem Museumsbesuch kann man unter der Glaskuppel mit Aussicht auf die Stadt einen Kaffee trinken oder eine Kleinigkeit essen.

DRAUSSEN

› **Erklimmen der Hallgrímskirkja** ⓮: Nachdem Klein und Groß die letzten Treppen des Kirchturms erklommen haben, werden sie mit einer tollen Aussicht über Stadt, Land und Meer belohnt.

› **Freibäder** (s. S. 116). Alle Schwimmbäder sorgen gut für kleine Gäste. Es gibt Becken zum Spielen und Rutschbahnen. Schwimmflügel kann man gratis leihen. Das warme, geothermale Wasser sorgt jederzeit für Badespaß.

› ⓴ [S11] **Freiluftmuseum Árbæjarsafn.** So lebte man früher in Island. Mehr als 40 historische Gebäude einschließlich Inneneinrichtung bekommt der (junge) Besucher zu Gesicht, auch die historischen Werkzeuge verschiedener Berufe. Im Sommer tummeln sich zudem Haustiere auf dem Gelände, Spiele von damals lassen Kinderherzen höher schlagen.

› **Pferdereiten:** Die isländischen Pferde sind zäh, gutmütig und lange nicht so hoch wie die Pferde hierzulande. Das nimmt Kindern die erste Angst vor Pferden und erhöht den Spaßfaktor.

• **181** [L6] **Reykjavík Familienzoo und -park,** Engjavegur (neben der Eislaufhalle), Tel. 4115900, www.mu.is, tgl. 10 – 18 Uhr, Mitte Aug. – Mitte Mai 10 – 17 Uhr, 5 – 12 J. 400 ISK, über 12 J. 500 ISK, am Wochenende 500 bzw. 600 ISK. Circa 150 Tiere (19 Arten), darunter Seehunde, arktische Füchse und Rentiere, begeistern das junge Publikum. Außerdem gibt es im großen Zirkuszelt naturwissenschaftliche Phänomene zum Anfassen und Ausprobieren, des Weiteren kleinere Fahrattraktionen wie auf dem Jahrmarkt (nur im Sommer), Pferdereiten und ein Café-Restaurant. Gleich nebenan kann man durch den botanischen Garten der Stadt spazierengehen.

› **Tjörnin** [B/C4]: Enten, Gänse und Schwäne füttern am Stadtteich – besonders am Samstag eine beliebte Beschäftigung der Reykjavíker Familien.

㉑ [P1] **Viðey.** Auf die kleine Insel gegenüber der Stadt setzt man mit der Fähre innerhalb weniger Minuten über. Auf der Insel fahren keine Autos, dafür laufen Schafe frei herum. Hier kann man gemütlich spazieren gehen, mit dem Fahrrad fahren (Verleih gratis), die Kunstinstallationen, inklusive des Yoko Ono Peace-Tower, bestaunen und im Café eine Pause genießen. Ein schöner Halbtages- bis Tagesausflug für die ganze Familie.

› **Walbeobachtung** (s. S. 96). Schifffahren ist für Kinder immer eine aufregende Sache. Und wenn man hier im Nordatlantik dann noch Delfine und Wale dabei beobachtet, kann an dem Tag eigentlich nichts mehr schief gehen. Auch bei sonnigem, warmem Wetter gilt: Warme, vor Regen und Wind schützende Keidung tragen.

▶ *Für die Hartgesottenen: Reifen mit Spikes aus dem Spezialgeschäft*

PRAKTISCHE REISETIPPS
Notfälle, Öffnungszeiten, Post, Radfahren

NOTFÄLLE

> **Allgemeine Notrufnummer:** Tel. 112 (Polizei, Feuerwehr, Notarzt)
>
> **182 [F5] Polizeipräsidium,** Hverfisgata 113–115 (Busbahnhof Hlemmur), Tel. 4441000
>
> **Fundbüros** s. S. 109.

KARTENSPERRUNG

Deutsche Kunden, die ihre **Kreditkarte, Maestro(EC)-Karte** oder ihr **Handy** verloren haben, können sie über die **zentrale Sperrnummer Tel. +49 116116** blockieren lassen. Man sollte sich möglichst vor dem Reiseantritt die wichtigsten Daten wie Kartennummern und Gültigkeitsdauer notieren, da diese bei der Sperrung unter Umständen abgefragt werden können.

Für **Österreicher und Schweizer** gibt es zurzeit noch keine zentrale Sperrnummer, deshalb sollten sie sich vor der Reise bei den zuständigen Banken und Handy-Providern über die Modalitäten informieren.

ÖFFNUNGSZEITEN

> **Geschäfte:** Mo.–Fr. 10–18, Sa. 10–14/16 Uhr (1. Sa. im Monat 10–17 Uhr), So. geschlossen. (Ausnahme: Filialen der Kette 10/11 haben fast überall rund um die Uhr geöffnet.) Am 25.12. ist alles im Land geschlossen.
> **Banken:** Mo.–Fr. 9.15–16 Uhr
> **Museen:** Viele Museen haben außerhalb der Sommersaison Mo. geschlossen. An Feiertagen sollte man sich unbedingt vorher erkundigen, ob das ausgewählte Museum geöffnet ist. Detaillierte Informationen zu den einzelnen Öffnungszeiten finden sich im Kapitel „Reykjavík für Kunst- und Museumsfreunde" (s. S. 42).

POST

183 [C4] Hauptpost, Posthússtræti 5, Tel. 5801200, Mo.–Fr. 9–18 Uhr, www.postur.is. Eine Postkarte oder ein Brief nach Europa kostet 165 ISK (bis 50 g) als Priority Post.

RADFAHREN

Radfahren ist einigermaßen beschwerlich, da **Wind und Regen** häufig nicht mitspielen. Zudem sind in Reykjavik selbst nur eine Handvoll Radwege zu finden. Aber es sind doch immer mehr Leute zu finden, die das Fahrrad für eine gute Alternative zum Auto halten.

Autofahrer können Radfahrer und den Platz, den sie brauchen, im Prinzip nicht sehr gut einschätzen, aber normalerweise achtet man gut auf andere Verkehrsteilnehmer und bremst rechtzeitig. Viele Radfahrer fahren auf großen Straßen am liebsten auf dem Gehweg.

Wer sich ein Rad leihen möchte, sollte es hier probieren:
- ●184 [D4] **Borgarhjól Bike Rental**, Herfisgata 50, Tel. 5515653, Mo.–Fr. 8–18 Uhr, Sa. 10–14 Uhr, www.borgarhjol.net. Auch außerhalb der Geschäftszeiten ist es eventuell möglich, an ein Fahrrad zu kommen, wenn man unter einer der folgenden Nummern nachfragt: Tel. 8965653 (Mobiltelefon des Vermieters), Tel. 5538110 (Jugendherberge) oder Tel. 5686944 (Campingplatz). Ein Fahrrad für einen Tag kostet 4200 ISK. Mietet man ein Rad für mindestens eine Woche, kostet es 3600 ISK pro Tag.

SCHWIMMBÄDER

Schwimmbäder sind ein **wichtiger Teil des sozialen Lebens** in Island. Und es tut auch wirklich gut, wenn man seine kalten Knochen im Winter in einem mit heißem Quellwasser beheizten Bad aufwärmen kann. Es gibt die seriösen Schwimmer, die teilweise noch vor der Arbeit ein oder zwei Kilometer schwimmen, und es gibt die sozialen Schwimmer, die von der Dusche gleich in einen der Hotpots eilen, um sich mit anderen Leuten zu unterhalten.

Die Stadt Reykjavík unterhält im Raum Reykjavík sieben Schwimmbäder. Alle Schwimmbäder haben ein Becken zum Bahnenschwimmen im Freien (nur Sundhöllin hat nur innen ein Schwimmbecken) und diverse Hotpots, also kleinere runde Becken, die zwischen 38–44 °C warm sind. Die Hotpots sind immer ein **geselliger Treffpunkt für ein Schwätzchen**. Größere Bäder (Laugardalur, Árbæjarlaug) bieten auch noch weitere Spaßmöglichkeiten für Kinder (und Erwachsene) wie Rutschen oder größere warme Becken.

Alle Bäder öffnen Mo.–Fr. um 6.30 Uhr und schließen zwischen 20.30 und 22.30 Uhr, Sa., So. öffnen sie um 8 Uhr und schließen zwischen 19 und 21 Uhr. Im Sommer sind die Bäder etwas länger geöffnet als im Winter, nach Geschäftsschluss und samstags werden die Bäder in der Regel recht voll. In allen Bädern kann man normalerweise Badesachen und Handtücher leihen.

› **Eintritt:** Kinder 100 ISK, Erwachsene 450 ISK, Zehnerkarte 900 und 3000 ISK, www.spacity.is

- S185 **Árbæjarlaug**, Fylkisvegur, Tel. 4115200. Modernes Schwimmbad (Innen- und Außenbereich) mit vielen Möglichkeiten für Kinder, Hotpots, Sauna, Dampfbad und einem schönen Ausblick vom Außenbecken.
- S186 [J4] **Laugardalslaug**, Sundlaugarvegur, Tel. 4115100. Das größte Schwimmbad der Stadt verfügt über 50-m-Bahnen, Massageangebot, Dampfbad, Hotpots und weitere warme Becken, Rutsche und Kinderbecken. Neben dem Schwimmbad liegt noch ein Fitness- und Spakomplex.
- S187 [D10] **Strandbad Nauthólsvík**, am Strand südlich von Öskjuhlíð, Tel. 5116630, www.nautholsvik.is, 16. 5.–31.7. tgl. 10–19 Uhr, sonst Mo. 17–19,

058rj Abb.: as

Mi. 11–13 u. 17–19, Fr. 11–13 Uhr. Eintritt frei, 200 ISK für Kleiderschließfach. An dieser Küstenstelle wird warmes Wasser in die See geleitet, weshalb man hier tatsächlich im Wasser des Nordatlantiks baden kann. Das Areal umfasst Sandstrand, Hotpot, Umkleidekabinen und einen Kiosk, der Kleinigkeiten zum Essen und Trinken verkauft.

S188 [E5] **Sundhöllin**, Barónstígur, Tel. 4115350. Innenschwimmbad in einer alten Schwimmhalle mit authentischen Details und Hotpots draußen.

S189 **Vesturbæjarlaug**, Hofsvallagata, Tel. 4115150. Etwas kleineres und freundliches Familienbad, mit Dampfbad, Sauna, Hotpots.

SCHWULE UND LESBEN

1978 wurde **Samtökin**, die nationale Organisation von Lesben und Schwulen in Island mit dem Ziel gegründet, für die Rechte von Lesben, Schwulen, Bi- und Transsexuellen zu kämpfen und Vorurteile in den Medien und den Familien zu bekämpfen. Island ist ein sehr kleines Land, hier ist jeder mit jedem verwandt. Hier kann man sich nicht von seiner Familie lösen, indem man in eine Großstadt zieht. Konflikte und Probleme sind immer eng mit der Familie verknüpft, daher ist das Politische auch immer sehr privat.

Inzwischen wurde in Island Erstaunliches erreicht, die Nation gehört zu den **besonders liberalen Staaten**. Gleichgeschlechtliche Partner können eine Lebenspartnerschaft eingehen. Die sogenannte **registrierte Partnerschaft** gewährt ihnen die gleichen Rechte und Pflichten wie eine Eheschließung heterosexueller Partner.

Als besonderer Meilenstein galt die Ernennung **Jóhanna Sigurðardóttirs** zur Premierministerin im Februar 2009. Sie ist die **weltweit erste lesbische Premierministerin**, die sich öffentlich als solche bekennt, ohne dies allerdings an die große Glocke zu hängen. Eine Tatsache, auf die die ausländischen Medien sofort angesprungen sind, wodurch die politischen Qualitäten Jóhanna Sigurðardóttirs in der Berichterstattung etwas in den Hintergrund gerieten. In Island wusste jeder schon seit Langem um Sigurðardóttirs sexuelle Ausrichtung – und eigentlich kümmert es auch niemanden. Nationale und internationale Menschenrechts- und Gay-Rights-Organisationen sehen diesen Schritt aber dennoch als ebenso wichtig an wie die Ernennung des ersten schwarzen Präsidenten, Barack Obama, in den USA.

INFORMATIONEN

❶ 190 [D4] **Samtökin 78**, Laugavegur 3, Tel. 5527878, www.samtokin78.is, Bürozeiten: Mo.–Fr. 13–17 Uhr, offener Abend und Bibliothek: Mo. u. Do. 20–23 Uhr. Die nationale Organisation für Lesben, Schwule, Bi- und Transsexuelle ist Beratungs- und Anlaufstelle. Zweimal pro Woche findet ein offener Abend mit wechselndem Programm statt, über weitere Veranstaltungen informiert die Website.

› **www.gayice.is:** Hier findet man Informationen über aktuelle Entwicklungen und Adressen, außerdem Tipps zur queeren Szene.

› **www.pinkiceland.is:** Reiseveranstalter, der sich auf Gay-Reisen in Island spezialisiert hat.

◀ *Schwimmbäder sind von frühmorgens bis spätabends Mittelpunkte des sozialen Lebens*

VERANSTALTUNGEN

> **Reykjavík Gay Pride:** Am 2. Augustwochenende (von Donnerstag bis Sonntag) lockt das Festival Tausende nach Reykjavík. Höhepunkte sind der farbenfrohe, fröhliche Umzug vom Busbahnhof Hlemmur über Laugavegur in das alte Stadtzentrum und das Freiluftkonzert am Arnarhóll-Hügel. Das Spektakel zieht nicht nur Schwule und Lesben an (www.gaypride.is).
> **Bears on Ice:** Am 2. Septemberwochenende gibt es ein Sonderprogramm für Bären und Bärenliebhaber (www.gayice.is/boi).

SZENEKLUBS

191 [D4] **Bar Barbara**, Laugavegur 22, Fr., Sa. 21–5. Der einzige echte Gay-Klub in Reykjavík, der allen offen steht, die gerne Party feiern.

192 [D4] **MSC Iceland**, Laugavegur 28 (durch das Eisentor, den Gang und die Hintertür), Tel. 8939552, Do., So. 17–20 Uhr, www.msc.is. Klub für Männer into leather, rubber, uniforms. Gäste willkommen.

193 [D4] **Trúnó**, Laugavegur 22, www.truno.is, Mo.–Do. 12–1 Uhr, Fr./Sa. bis 2 Uhr, So. 14–1 Uhr. Das Gay-Café mit der Disco-Kugel und den lila Wänden bietet beliebte Themen-Nächte.

SICHERHEIT

Island ist eine Gesellschaft, in der letztendlich jeder mit jedem verwandt ist. Das bedeutet, dass das **Gesamtsystem auf Vertrauen basiert**, und so ist es zum Beispiel selbstverständlich, dass man eigentlich seine Sachen (Auto, Haus o. Ä.) nicht abschließen muss und auch nichts verschwindet. Das ändert sich leider durch die vielen Touristen und neuen Bewohner der Insel. Dennoch ist Reykjavík eine **sehr entspannte und ungefährliche Stadt**. Unschön kann es eigentlich nur am Wochenende werden, wenn mitten in der Nacht der **Alkohol** zu Problemen, Prügeleien und Schäden an Autos und Häusern führt.

SPRACHE

Sehr viele Leute in Reykjavík sprechen **Englisch**, sodass man sich hiermit sehr gut verständigen kann. Deutsch sprechenden Isländern begegnet man äußerst selten. Wo das Isländische Verständigungsbarrieren aufwirft, versucht man es Besuchern so leicht wie möglich zu machen. Aus diesem Grund ist sehr viel englisches Informationsmaterial verfügbar.

Das **Isländische** ist eine recht **komplizierte Sprache**, weil sie sehr lange von anderen sprachlichen Einflüssen abgeschirmt war und sich daher nicht wie viele andere europäische Sprachen (mit-)verändert hat. Isländer finden zwar, dass man im Isländischen alles so spricht, wie man es schreibt – aber das stimmt nur, wenn man mit dem Isländischen vertraut ist. Verben und Substantive werden in allen Formen und Fällen gebeugt und teilweise kommt es hier zu Verschiebungen bei den Vokalen, weshalb zum Beispiel Straßennamen wie -gata, -vegur in Adressangaben in -götu und -vegi verändert werden.

Im Anhang dieses CityTrips findet sich eine Sprachhilfe, die die wichtigsten Begriffe übersetzt. Und wer Spaß an dieser urtümlich-nordischen Sprache findet, dem sei für eine weitergehende Beschäftigung der **Kauderwelsch-Band „Isländisch"** aus dem REISE KNOW-HOW Verlag empfohlen.

TELEFONIEREN

Isländische Telefonnummern haben sieben Stellen und keine Ortsvorwahl.
> **Vorwahl Island:** 00354
> **Telefonauskunft:** 118, für ausländische Telefonnummern Tel. 1811
> **Vorwahlen von Island ins Ausland:**
   Deutschland 0049,
   Österreich 0043,
   Schweiz 0041
> **www.ja.is:** Webseite, die das Telefonbuch *(símaskrá)* und die Gelben Seiten *(gulu síðurnar)* umfasst.

Um billiger ins Ausland zu telefonieren, empfiehlt sich die **Atlas-Frelsi International Calling Card**, die man in den Werteinheiten 500, 1000 oder 2000 ISK kaufen kann (bei Hagkaup und Ólis-Tankstellen). Ablauf: Zuerst ruft man eine Zentrale an, dann gibt man den PIN-Code der Karte an und danach wählt man die gewünschte Auslandsnummer. Man muss also ziemlich viele Nummern eintippen. Am günstigsten ist die Karte, wenn man Festnetznummern anruft.

Jede/-r in Island besitzt mindestens ein **Mobiltelefon**. Telefonzellen sind daher fast nirgendwo mehr zu finden. Für das eigene Handy kann man sich eine **Prepaid-SIM-Karte** zulegen, um hohe Roaminggebühren zu vermeiden. (Dazu muss das eigene Handy SIM-Lock-frei sein.) Diese sind an Bord (Icelandair: Síminn, Iceland-Express: Vodafone), bei den Síminn- und Vodafone-Läden (betreiben Islands größte Mobilfunknetze) und an großen Tankstellen erhältlich. Die SIM-Karte kann man mit Vouchern aufladen, die man außer an den bereits genannten Verkaufsstellen auch im Tax-Free-Shop bei Ankunft im Flughafen bekommt – dort sind sie billiger als in der Stadt.

UHRZEIT

In Island gilt die **UTC** (Coordinated Universal Time) und weil es im Sommer sowieso durchgehend hell ist, gibt es auch keine Sommerzeit. Das hat zur Folge, dass man auf der Insel im Winter eine Stunde und im Sommer zwei Stunden hinter unserer mitteleuropäischen Zeit zurückliegt.

UNTERKÜNFTE

ALLGEMEINES

In Islands Hauptstadt existiert ein **reichhaltiges Angebot an Hotels, Guesthouses und Hostels** (Jugendherbergen). Ohne Auto empfiehlt es sich, im Zentrum ein Zimmer zu buchen (Postleitzahl 101). Die Sternekategorien entsprechen den mitteleuropäischen.

Zu Vorkrisenzeiten war nur das Beste gut genug und so waren auch die **Hotelpreise** ziemlich gesalzen. Mit der gegenüber dem Euro jetzt schwächeren Krone sind die Preise aufgrund des besseren Umtauschkurses etwas günstiger. Inzwischen sind einige Hotels dazu übergegangen, ihre Preise entsprechend der gesunkenen Krone drastisch zu erhöhen.

Es gibt in Reykjavík relativ viele teure und **entsprechend relativ wenige mittelpreisige oder gar günstige Hotels**. Wer auf sein Geld achten muss, sollte ein Apartment, Guesthouse oder ein Hostel in Erwägung ziehen: Hier kann man selbst sein Essen kochen und so Geld sparen. Wie überall sind die Preise während der **Hochsaison** (Mai bis September) höher als in der Nebensaison. Außerdem wird der Platz in der Hochsaison, besonders ab Mitte Mai bis Ende August, recht

knapp. Reist man zu dieser Jahreszeit, sollte man **rechtzeitig buchen.** Im Internet findet man eine recht vollständige Liste der Unterkünfte unter
› www.accommodation.is
› www.visitreykjavik.is

Hat man bei Ankunft noch kein Hotel gebucht, kann man dies am Infoschalter auf dem Flughafen (nach der Tür hinterm Zoll gleich rechts) oder bei der Touristeninformation in der Aðalstræti (s. S. 108) nachholen. Bei letzterer kann man auch vor der Reise anrufen und buchen (Tel. +354 5901501). Grundsätzlich gilt in Island in Hotels ein **Rauchverbot** (auch für Guesthouses und Hostels).

PREISKATEGORIEN UNTERKÜNFTE

€€€€	über 200 €
€€€	100–200 €
€€	50–100 €
€	unter 50 €

Die Preise beziehen sich auf die billigsten Doppelzimmer oder Apartments während der Hochsaison pro Nacht. Während der Nebensaison sinken die Preise erheblich, manchmal sogar um 50 %. Ein Preisvergleich mithilfe verschiedener Bookingsites lohnt sich also.

UNTERKUNFTSEMPFEHLUNGEN

Die folgenden Unterkunftswebsites sind (auch) in Englisch verfasst. Alle genannten Unterkünfte bieten kostenlosen WLAN-Internetzugang an.

Hotels

194 [B3] **Center Hotel Plaza** €€€, Aðalstræti 4, 101 Reykjavík, Tel. 5958500, www.centerhotels.com. Zweckmäßiges 3-Sterne-Hotel, sehr zentral direkt neben der Touristeninformation gelegen. Am Wochenende kann es in den Zimmern zur Vorderseite also lauter werden.

195 [E4] **Fosshotel Baron** €€€, Baronstígur 2–4, 101 Reykjavík, Tel. 5623204, www.fosshotel.is. 87 Drei-Sterne-Zimmer und 31 Apartments (teilweise mit Meeresblick) am nördlichen Ende der Innenstadt.

196 [C4] **Hotel Borg** €€€€, Pósthússtræti 9–11, 101 Reykjavík, Tel. 5511440, Fax 5511420, www.hotelborg.is. Das 4-Sterne-Hotel beim Parlamentsplatz Austurvöllur wurde 1930 erbaut. Der dänische König kam zu Besuch nach Reykjavík und hiefür benötigte man eine entsprechende Herberge. Das Haus wurde 2006 im originalen Art-déco-Stil renoviert. Chic und relativ (zu) teuer, am Wochenende inklusive innenstädtischem Partygeräuschpegel.

197 [C5] **Hotel Holt** €€€, Bergstaðastræti 3, 101 Reykjavík, Tel. 5525700, www.hotelholt.is. Im Zentrum in ruhiger Seitenlage gelegenes 4-Sterne-Hotel mit vielleicht der größten privaten isländischen Kunstsammlung an Gemälden seit dem 19. Jh. bis heute.

198 [I6] **Hilton Nordica Hotel** €€€, Suðurlandsbraut 2, 108 Reykjavík, Tel. 4445000, www.hilton.com. Luxuriöses 4-Sterne-Hotel mit ebenso luxuriösem Spa-Bereich und großen Zimmern.

▶ *In vielen Hotels steht Lysi (Lebertran) auf dem Frühstücksbuffet. Viele Isländer schwören drauf, doch für Gäste ist der Geschmack sehr gewöhnungsbedürftig.*

PRAKTISCHE REISETIPPS
Unterkünfte

EXTRATIPP

Erholt zum Flughafen
Die letzte Nacht ist aufgrund der frühen Abflugzeiten meist recht kurz. Da eine Stunde Schlaf zwischen 4 und 5 Uhr morgens gefühlte zwei Stunden Schlaf bedeutet, kann es wesentlich erholsamer sein, die letzte Nacht in der Nähe des Flughafens zu verbringen. Ein gutes Hotel im Stadtzentrum Keflavíks mit gutem Restaurant und nur 10 Taximinuten vom Flughafen entfernt ist das
206 **Flughótel Keflavík** €€€, Hafnargata 57, 230 Keflavík, Tel. 4215222, www.icelandairhotels.com

199 [D5] **Hotel Óðinsvé** €€€, Óðinstorg, 101 Reykjavík, Tel. 5116200, www.hotelodinsve.is. Ruhig gelegen in einer Seitenstraße im Zentrum. Von den beiden höchsten Etagen hat man in den mit großen Glasfronten ausgestatteten Zimmern einen prächtigen Blick auf die Stadt.

200 [C8] **Icelandair Hotel Loftleiðir** €€€, Nautholsvegur 52, 101 Reykjavík, Tel. 4444500, www.icelandairhotels.com. 220 Vier-Sterne-Zimmer unterhalb von Perlan gelegen (ca. 15–20 Gehminuten vom Zentrum). Fahrradverleih im Sommer, Gute-Nacht-Geschichten donnerstags 21 Uhr, isländische Kinofilme im Auditorium, Giftshop, Restaurant.

201 [J6] **ParkInn Island Hotel** €€€, Ármúli 9, 108 Reykjavík, Tel. 5957000, www.parkinn.com. Gutes 3-Sterne-Hotel, das etwas außerhalb des Zentrums liegt. Von den höheren Etagen bietet sich ein schöner Blick auf die Stadt, gutes Frühstück.

202 [C4] **Radisson SAS 1919 Hotel** €€€, Pósthússtræti 2, 101 Reykjavík, Tel. 5991000, Fax, 5991001, www.radisson.com. Das 4-Sterne-Hotel befindet sich im ursprünglichen Gebäude der ersten Linienschifffahrtsgesellschaft Islands, Eimskipafélag, das im Jahre 1919 erbaut wurde. Am Wochenende wegen Partygängern etwas laut.

Guesthouses, Apartments

203 [B4] **Chez Monique** €€, Tjarnargata 10B, 101 Reykjavík, Tel. 5623377 und 6921777, www.chezmonique.is. Guesthouse direkt am Rathaus leitet. Einfache Ausstattung, Bad und WC im Gang, teilweise mit Zugang zu einer Küche, angenehm und zentral gelegen. Im oberen Stockwerk bieten die Zimmer zum Teil Sicht auf den Stadtteich Tjörnin.

204 [B3] **House of the Spirits** €€, Ránargata 1, 101 Reykjavík, Tel. 6983526, www.houseofspirits101.com. Apartments für 1–8 Personen, größtenteils westlich der Innenstadt beim Hafen gelegen.

205 [C5] **Inga's New Guest Apartments** €€€, Bergstaðastræti 27, Tel. 5517923, www.ingas.is. Geräumige Apartments, ein Penthouse und ein Wohnhaus in ruhiger Lage in der Bergstaðastræti.

207 [C4] **Pisa** €€, Lækjargata 6b, 101 Reykjavík, Tel. 5787200, www.pisa.is. 2009 eröffnetes Guesthouse mit 12 Zimmern (teilweise mit einem Bad für zwei Zimmer) direkt im Zentrum zu günstigen Preisen. Kann am Wochenende laut sein.

208 [D4] **Reykjavik4you** €€, Bergstaðastræti 12, 101 Reykjavík, Tel. 7711200, www.reykjavik4you.com. Vier modern ausgestattete Apartments für 2, 3, 5 oder 6 Personen in der Bergstaðastræti und am oberen Ende von Laugavegur.

209 [B3] **Three Sisters** €€, Ránargata 16, 101 Reykjavík, Tel. 5652181, www.threesisters.is. 16 funktionell eingerichtete Studioapartments für 1–4/5 Personen am Westende der Innenstadt nahe beim Hafen.

Hostels

210 [E4] **Kex** €, Skúlagata 26, 101 Reykjavík, Tel. 5616060, www.kexhostel.is. Neues, originelles Hostel im Zentrum mit Blick auf den Esja, gegründet von zwei Fussballern in einer alten Keksfabrik. Mit Bistro und Bar.

211 [D4] **Reykjavík Backpackers** €, Laugavegur 28, 101 Reykjavík, Tel. 5783700, www.reykjavikbackpackers.com. Mitten in der Stadt gelegen, also laut am Wochenende, ca. 100 Betten, darunter auch ein paar 2-Bett-Zimmer.

212 [K4] **Reykjavík City** €, Sundlaugavegur 34, 105 Reykjavík, Tel. 5538110, www.hihostels.com. Modernes Hostel mit angenehmer Atmosphäre direkt beim Schwimmbad Laugardalslaug und damit etwas außerhalb gelegen, aber mit Bushaltestelle direkt vor dem Haus. Schlafsäle, 2-, 4- und 6-Bett-Zimmer.

213 [B3] **Reykjavík Downtown** €, Vesturgata 17, 101 Reykjavík, Tel. 5538120, www.hihostels.com. Das neue Hostel ist nur ein paar Gehminuten vom Zentrum entfernt. Schlafsäle, aber auch 2-Bett- und Familienzimmer.

Camping

214 [K4] **Reykjavík Campsite** €, Sundlaugavegur 32, 105 Reykjavík, Tel. 5686944, www.reykjavikcampsite.is, geöffnet 15.5.–15.9. Die billigste Art der Übernachtung. Hier finden 650 Leute Platz, eine Reservierung ist nicht nötig. Preise pro Nacht: Übernachtung Zeltplatz 1100 ISK p. P., Strom 700 ISK je Tag, Hütte 7500 ISK, Frühstück 1200 ISK pro Person

VERHALTENSTIPPS

> **Anrede:** In Island werden traditionell alle mit Vornamen angeredet und geduzt – auch Ausländer. Darin sind die Isländer/-innen sehr direkt. Die rufen auch schon einmal bei Politikern oder berühmten Persönlichkeiten direkt an, wenn sie ihnen was zu sagen haben, oder sprechen die Leute auf der Straße an. Genauso wird man bei Reservierungen nur nach dem Vornamen

NAMENSGEBUNG

In Island werden Namen patronymisch gebildet, das heißt, man erhält einen Vornamen und anstatt eines Nachnamens wird der Vorname des Vaters mit der Endung „-dóttir" für Tochter oder „-son" für Sohn versehen. Leifur Eiríksson ist also Leifur, Sohn von Eiríkur, und Jóhanna Sigurðardóttir ist Jóhanna, Tochter von Sigurður (der Name des Vaters wird bei der Zusammensetzung gebeugt, weshalb sich die Vokale ändern). Seltener findet man Nachnamen wie im deutschen Sprachraum, diese gehen dann meist auf skandinavische Einwanderer zurück.

gefragt. Sogar das Telefonbuch ist nach Vornamen sortiert.
> **Schuhe ausziehen:** In isländischen Haushalten ist es üblich, beim Betreten des Hauses die Schuhe auszuziehen, sodass kein Schmutz ins Haus geschleppt wird. Isländer selbst bringen manchmal ein extra Paar warme Socken mit, die sie dann anziehen.

VERKEHRSMITTEL

Die Innenstadt ist recht klein und lässt sich gut zu Fuß entdecken. Für Orte am Stadtrand empfiehlt sich das Reykjavíker Busnetz.

BUSSE

Reykjavík hat ein redlich gut ausgebautes Busnetz, das die Innenstadt und den Großraum Reykjavík abdeckt. Busse fahren 7–24 Uhr, sonntags 12–24 Uhr. Man sollte etwas vorausplanen, denn außer zu den Stoßzeiten morgens und abends fährt teilweise nur ein Bus pro Stunde. (Das Busunternehmen heißt kurz und knapp „Strætó", also „Bus".)

Der **zentrale Busbahnhof** für die Stadtbusse ist **Hlemmur.** Dort und bei den Touristeninformationsstellen (s. S. 108) ist auch eine Broschüre mit dem Busnetz zu bekommen. Um die richtige Haltestelle zu finden, muss man die Endhaltestelle der jeweiligen Linie wissen.

Eine einzelne **Fahrkarte** kostet 350 ISK. Das passende Bargeld wirft man einfach in den großen Kasten beim Fahrer. Achtung: Der Fahrer kann kein Wechselgeld zurückgeben! Normalerweise bekommt man keine Fahrkarte ausgehändigt. Falls man umsteigen muss, bittet man den Fahrer um eine Umsteigekarte (*skiptimiði* oder „transfer ticket" genannt). Dann bekommt man eine Fahrkarte ausgedruckt, die man dann im anschließenden Bus dem Fahrer gibt.

Wer sparen will, kann elf Fahrscheine für 3000 ISK, eine Tageskarte für 700 ISK oder eine 3-Tage-Karte für 1700 ISK kaufen. In den Bussen ist auch die Reykjavík Welcome Card (s. S. 107) gültig.
> www.straeto.is

TAXIS

Taxis fahren mit **festen Tarifen**, die am Wochenende und nachts höher liegen. Der Starttarif liegt bei 510 ISK, die ersten beiden Kilometer sind etwas teurer, sodass man auch bei kurzen Strecken leicht auf 8–10 € kommt. Wenn man anruft, fährt ein Taxi meistens innerhalb von drei bis fünf Minuten vor, nur nachts am

▲ *Bushaltestelle am Inlandsflughafen*

Wochenende kann es etwas schwieriger werden und länger dauern. Auch in den Taxis kann man mit Kreditkarte bezahlen. Die bekanntesten Anbieter sind:
› **B.S.H. Taxis:** Tel. 5550888
› **B.S.R. Taxis:** Tel. 5610000, www.bsr.is
› **Borgarbílastöðin:** Tel. 5522440
› **Hreyfill:** Tel. 5885522, www.hreyfill.is

WETTER UND REISEZEIT

Dank des **warmen Golfstroms**, der an Island vorbeiströmt, sind die Durchschnittstemperaturen nicht so kalt, wie man ob der nördlichen Lage nahe dem Polarkreis vermuten würde. Die Winter sind kalt, jedoch durchschnittlich nicht extrem kalt, die Sommer angenehm frisch. Allerdings sorgt der Golfstrom, der auf die arktischen Wetterströme stößt, auch für **sehr unbeständiges Wetter**. Nicht ohne Grund sagt man in Island: „Wenn dir das Wetter jetzt nicht gefällt, dann warte einfach eine Viertelstunde." Regen und Wind gehören einfach dazu, deshalb sollte man immer auf einen Wetterumschwung gefasst sein: Regenjacke und außerhalb der Sommermonate Mütze und Handschuhe gehören zur Standardausrüstung.

In den Monaten Mai bis August fällt normalerweise der wenigste **Regen**, aber auch dann regnet es noch durchschnittlich an 15 Tagen pro Monat. In den Wintermonaten können das schon mal 20 oder 21 Tage sein. Reykjavík zählt im Jahresdurchschnitt 213 Tage mit Niederschlag. Regen fällt allerdings eher als Niesel- und seltener als Platzregen.

Ein **durchschnittlicher Sommertag** hat Höchsttemperturen von 10–12 °C, 15 °C und mehr erreicht das Quecksilber nur an besonders schönen Tagen. In den letzten Jahren kam es sogar ein paar Mal vor, dass die Grenze von 20 °C überschritten wurde. Die Durchschnittstemperatur **im Winter** liegt bei etwas unter 0 °C, aber es kann natürlich auch mal -10 oder -15 °C geben.
› **Wetterauskunft:** Tel. 9020600, www.vedur.is

Das touristische Angebot ist von Mitte Mai bis August am größten, dann ist in Island **Hauptsaison**. Während bis vor wenigen Jahren spätestens Mitte September alles geschlossen war, zieht sich die Saison inzwischen bis Ende Oktober und beginnt bereits Anfang Mai. Mittlerweile werden viele Dinge (Tagestouren, Fähren usw.) auch außerhalb der Hauptsaison angeboten, und wenn nicht an allen Tagen, so doch wenigstens am Wochenende. Eine zweite kleine Hauptsaison stellt die Zeit von Weihnachten bis Neujahr dar, die ebenfalls viele Touristen in die Stadt lockt.

EXTRATIPPS

Tageslicht
Nur wenige Stunden Tageslicht gibt es von Mitte Dezember bis Mitte Januar, in dieser Zeit ist es lediglich etwa vier Stunden hell. In den Monaten Mai bis August wird es dagegen nicht mehr richtig dunkel. Die etwa drei Stunden zwischen Sonnenuntergang und Sonnenaufgang dämmert es, aber völlige Dunkelheit sucht man vergebens.

Das himmlische Kind
Baseballcaps und ähnliche Kopfbedeckungen mit Schild sind oftmals nicht so praktisch: Die Schildkappen bieten eine gute Angriffsfläche für den Wind.

ANHANG

KLEINE SPRACHHILFE ISLÄNDISCH

LAUTSCHRIFT

ch	weiches „ch" wie in „ich"	H	deutliches „h" vor Mitlauten
chj	Verbindung von „ch" + „j" wie in „Mädchen"	i	stets spitz wie im deutschen „nie"
		j	wie „j" in „Jäger"
ch-s	raues „ch" und „s" wie in „Lachsalve" (allerdings mit stimmlosem „s"!)	ng-g	wie „ng" + „g" in „Langgasse"
		o	offenes „o" wie in „oft"
e	stets geschlossen wie in „See", nie wie „ä"	ö	offenes „ö" wie in „öffnen"
		r	rollendes Zungenspitzen-r wie im Italienischen
G	weiches „g", fast wie stimmhaftes „ch"	s	stimmloses „s" wie in „essen"
		ð	stimmhaftes „th" wie im engl. „this" (dies)
h	wird immer gesprochen, ist kein Dehnungszeichen wie im Deutschen	th	stimmloses th wie im englischen „thunder"
		v	wie „v" in „Vase"

DIE WICHTIGSTEN FLOSKELN UND REDEWENDUNGEN

já/nei	jau/näi	ja/nein
takk fyrir	taHk feerir	danke
gjörðu svo vel	gjörðu svo väl	bitte
Takk, sömuleiðis!	taHk, sömüläiðes	Danke gleichfalls!
Það var lítið/ekkert.	thað var liiteð/äHkärt	Keine Ursache.
Góðan daginn./Góða nótt.	gouðan daijenn/ gouða nouHt	Guten Tag!/ Gute Nacht!
Hvað segir þú?	kvað säijir thuu	Wie geht es dir/Ihnen?
Allt gott, takk fyrir.	allt goHt, taHk feerir	Danke gut.
Já, svona, svona.	jau, svona, svona	Nicht besonders./ So lala.
Hæ!/Bless!	hai/bläss	Hallo!/Tschüß!
Hvað er að?	kvað är aað	Was ist los?
Allt í lagi.	alt i laije	Alles in Ordnung.
Ég veit það ekki.	jäG väit thað äHkje	Ich weiß das/es nicht.
Það er (ekki) rétt.	thað är (äHkje) rjäHt	Das ist (nicht) richtig.
Það var leitt!	thað var läiHt	Schade!
Verði þér að góðu!/Skál!	värðe thjär að gouðu/skaul	Guten Appetit!/Prost!
Viltu gjöra svo vel að hjálpa mér?	veltü gjöra svo väl að chjaulpa mjär	Können Sie mir bitte helfen?

DIE WICHTISTEN FRAGEN

Fyrirgef ...!	feerirgjäf ...	Entschuldige(n Sie) ...!
Er hér ...?	är chjär ...	Gibt es ...?
Átt þú ...?	auHt thu ...	Haben Sie ...?
Má ég ...?	mau jäG ...	Darf ich ...?

Ég er að leita að ...	jäG är að läita að ...	Ich suche ...
Mig vantar ...	miG vantar ...	Ich brauche ...
Fáðu mér ..., takk.	fauðü mjär ... taHk	Geben Sie mir bitte ...
Hvar fæ ég ...?	kvar fai jäG ...	Wo bekomme ich ...?
Hvað kostar ...?	kvað kostar ...	Wieviel kostet ...?
Hvar er ...?	kvar är ...	Wo ist/befindet sich ...?
Hvernig kemst ég til ...?	kvättneG kjämst jäG tel ...	Wie komme ich zu/ nach ...?
Hvaða rúta fer til ...?	kvaða ruuta fär tel ...	Welcher Bus fährt nach ...?
Viltu keyra mig á ...?	veltü kjäira meG au ...	Fahren Sie mich zu/nach ...

DIE WICHTIGSTEN FRAGEWÖRTER

hver?	kvär	wer?
hvað?	kvað	was?, wie?
hvaða?	kvaða	was für ein(e), welche(r)?
hvernig?	kvättneG	auf welche Art und Weise?
hvar?	kvar	wo?
hvaðan?	kvaðan	von wo? woher?
hve mikið?	kvä mekjeð	wie viel?
hvert?	kvärt	wohin?
hvenær?	kvänair	wann?
af hverju?	aav kvürjü	warum?

DIE WICHTIGSTEN RICHTUNGSANGABEN

fyrst .../svo ...	ferst .../svo ...	zuerst .../dann ...
til vinstri/hægri	tel venstre/haiGre	nach links/rechts
beint áfram	bäint auffram	geradeaus
til baka	tel baka	zurück
andspænis	andspaines	gegenüber
langt/nálægt	laungt/naulaicht	weit/nah
gatnamót	gaHtnamout	Kreuzung
umferðaljós	ümfärðaljous	Ampel
hér/þar	chjär/thar	hier/dort

DIE WICHTIGSTEN ZEITANGABEN

í fyrradag	i ferradaG	vorgestern
í gær	i gjair	gestern
í dag	i daG	heute
í morgun	i morgün	heute Morgen, vormittags
um hádegi	üm haudäije	heute Mittag, mittags
í kvöld	i kvöld	heute Abend, abends
í nótt	i nouHt	heute Nacht, in der Nacht
á morgun	au morgün	morgen
hinn daginn	henn daijenn	übermorgen

ANHANG
Kleine Sprachhilfe Isländisch

um daginn	üm daijenn	neulich
strax	strachs	sofort
alltaf/aldrei	altaf/aldräi	immer/nie
oft/sjaldan	oft/sjaldan	oft/selten

ZAHLEN

0 *núll* (null)	10 *tíu* (tiiü)	50 *fimmtíu* (femtiü)
1 *einn* (äittn)	11 *ellefu* (ättlävü)	60 *sextíu* (sächstiü)
2 *tveir* (tväir)	12 *tólf* (toulf)	70 *sjötíu* (sjötiü)
3 *þrír* (thriir)	13 *þrettán* (thräHtaun)	80 *áttatíu* (auHtatiü)
4 *fjórir* (fjourir)	14 *fjórtán* (fjourtaun)	90 *níutíu* (niütiü)
5 *fimm* (femm)	15 *fimmtán* (femtaun)	100 *hundrað* (hündrað)
6 *sex* (sächs)	16 *sextán* (sächstaun)	101 *hundrað og einn*
7 *sjö* (sjö)	17 *sautján* (söjtjaun)	102 *hundrað og tveir*
8 *átta* (auHta)	18 *átján* (autjaun)	120 *hundrað og tuttugu*
9 *níu* (niiü)	19 *nítján* (nitjaun)	121 *hundrað tuttugu og einn*
		122 *hundrað tuttugu og tveir*
20 *tuttugu* (tüHtüGü)		200 *tvö hundruð*
21 *tuttugu og einn*		300 *þrjú hundruð*
22 *tuttugu og tveir*		1000 *þúsund* (thuusünd)
30 *þrjátíu* (thrjautiü)		2000 *tvö þúsund*
40 *fjörutíu* (fjörütiü)		

WICHTIGE VOKABELN

opið	offen	sjúkrahús	Krankenhaus
lokað	geschlossen	veitingahús	Restaurant
mánudagur	Montag	seðill	Menü(karte)
þriðjudagur	Dienstag	drykkjaseðill	Getränkekarte
miðvikudagur	Mittwoch	hádegisseðill	Mittagsmenü
fimmtudagur	Donnerstag	kvöldseðill	Dinnermenü
föstudagur	Freitag	smáréttir	Vorgerichte
laugardagur	Samstag	aðalréttir	Hauptgerichte
sunnudagur	Sonntag	eftirréttir	Desserts
helgi/helgidagur	Wochenende, Feiertag	snyrting/salerni	Toilette
		karlar	Herren
klukkan, kl.	Uhr	konur	Damen
tilboð	Angebot	austurrískur	österreichisch
útsala	Ausverkauf	Austurríki	Österreich
sími	Telefon	Sviss	Schweiz
farsími	Handy	svissneskur	schweizerisch
neyðarsími	Notruf	þýska	deutsch
lögregla	Polizei	Þýskaland	Deutschland
slökkvistöð	Feuerwehr	-gata, -götu	Straße
sjúkrabíll	Krankenwagen		

ANHANG **129**
Anzeige

REISE KNOW-HOW
das komplette Programm fürs Reisen und Entdecken

Weit über 1000 Reiseführer, Landkarten, Sprachführer und Audio-CDs liefern unverzichtbare Reiseinformationen und faszinierende Urlaubsideen für die ganze Welt – *professionell, aktuell und unabhängig*

Reiseführer: komplette praktische Reisehandbücher für fast alle touristisch interessanten Länder und Gebiete **CityGuides:** umfassende, informative Führer durch die schönsten Metropolen **CityTrip:** kompakte Stadtführer für den individuellen Kurztrip **world mapping project:** moderne, aktuelle Landkarten für die ganze Welt **Edition Reise Know-How:** außergewöhnliche Geschichten, Reportagen und Abenteuerberichte **Kauderwelsch:** die umfangreichste Sprachführerreihe der Welt **Kauderwelsch digital:** die Sprachführer als eBook mit Sprachausgabe **KulturSchock:** fundierte Kulturführer geben Orientierungshilfen im fremden Alltag **PANORAMA:** erstklassige Bildbände über spannende Regionen und fremde Kulturen **PRAXIS:** kompakte Ratgeber zu Sachfragen rund ums Thema Reisen **Rad & Bike:** praktische Infos für Radurlauber und packende Berichte von extremen Touren **sound)))trip:** Musik-CDs mit aktueller Musik eines Landes oder einer Region **Wanderführer:** umfassende Begleiter durch die schönsten europäischen Wanderregionen **Wohnmobil-TourGuides:** die speziellen Bordbücher für Wohnmobilisten

Erhältlich in jeder Buchhandlung und unter www.reise-know-how.de

www.reise-know-how.de

Unser Kundenservice auf einen Blick:

Vielfältige Suchoptionen, einfache Bedienung

Alle Neuerscheinungen auf einen Blick

Schnelle Info über Erscheinungstermine

Zusatzinfos und Latest News nach Redaktionsschluss

Buch-Voransichten, Blättern, Probehören

Shop: immer die aktuellste Auflage direkt ins Haus

Versandkostenfrei ab 10 Euro (in D), schneller Versand

Downloads von Büchern, Landkarten und Sprach-CDs

Newsletter abonnieren, News-Archiv

Die Informations-Plattform für aktive Reisende

REISE Know-How online

REGISTER

(Die Sortierung erfolgt nach dem isländischen Alphabet.)

871±2 Besiedlungsausstellung 68

A
Aalto, Alvar 78
Aðalstræti 68
Algen, getrencknete 34
Alkohol 30, 60
Almannagjá-Schlucht 85
Althing 85
Alþingishúsið 69
Angeln 15
Anreise 100
Apotheken 112
Apartments 121
Architektur 50
Arctic Adventures 93
Arnarson, Ingólfur 52
Ärzte 112
Aschetag (Öskudagur) 14
Asenglaubensgemeinschaft 62
Ásmundur Sveinsson Museum 42
Ausrüstung 102
Ausstellungen 42
Austurstræti 20
Autofahren 102
Autokorso 39

B
Badekultur 56
Bæjarins Beztu 34
Barrierefreiheit 104
Bars 39
Benediktsson, Einar 86
Bernhöftsgruppe (Bernhöftstorfan) 73
Billigflieger 100
Bioläden 29
Blue Lagoon (Bláa Lónið) 90
Blues Festival 15
Botanischer Garten 80
Botschaften 105
Buchhandlungen 25
Busbahnhof BSÍ 108
Busse 123

C
Cafés 37
Camping 122
CD-Shops 26
Chronik 51

D
Demonstrationen 64
Designermode, isländische 23
Diplomatische Vertretungen 105
Discos 39
Dom (Dómkirkjan) 70
Dresscode 39
Dunkle Musiktage (Myrkir Músíkdagar) 13

E
EC-Karte 105
Edda (Sagen) 110
Einar Jónsson Museum 43
Einkaufen 19
Einkaufszentren 21
Ein- und Ausreisebestimmungen 105
Einwohner 52
Eiríksson, Leifur 77
Elektrizität 105
Elfen 61
Elliðaár 51
Energieversorgung 51
Entspannen 47
Esja 50
Essen und Trinken 29
EU-Beitritt 66
Events 13

F
Fahrradfahren 115
Feiertage 19
Festival der See und Seemannstag 16
Festivals 13
Finanzkrise 55, 56, 63, 66
Fischer, Bobby 55
Flohmarkt Kolaportið 75
Flughafen 100
Flybus 101
Food and Fun 14
Fotografiemuseum Reykjavík 43
Fotomuseum, Nationales 79
Frauentag (Konudagur) 15
Freiluftmuseum Árbæjarsafn 82
Fremdenverkehrsbüros 108
Fundbüros 109

G
Galerien 47
Ganztagestouren 92
Gastronomie 31
Geld 105
Geothermalfeld Hengill 89
Geothermalkraftwerk Hellisheiði 90
Germanische Götter 62
Gesetzesberg (Lögberg) 85
Gewächshäuser 90
Geysir 87
Gljúfrasteinn 84
Golden Circle 83
Grapevine 112
Großer Geysir 87
Guesthouses 121
Gullfoss 88
Gymnasium 73

H
Hafstein, Hannes 74
Hákarl 14
Halbtagestouren 92
Hallgrímskirkja 77
Hallgrímsson, Jónas 86
Handschriften, mittelalterliche 76

Register

Handy 119
harðfiskur (Stockfisch) 34
Harpa 74
Haukadalur 87
Hauptsaison 124
Herdenabtrieb (Réttir) 17
Herrentag (Bóndadagur) 13
Hochseeangeln 96
Höfði 80
Hostels 122
Hotdog 34
Hotels 120
Hotpots 48, 98, 116
Hubschrauberflug 94
Hveragerði 89

I

Icelandair 100
Iceland Airwaves 18
Icelandexpress 100
Icelandic Horse Festival 15
Iðnó-Theater 72
Imagine Peace Tower 17, 83
Inflationsrate 66
Informationsquellen 108
Infostellen 108
Innenstadt 68
Internet 112
Internettipps 109
Isländer 58
Isländisch 118
Isländische Krone 105
Isländische Oper 42
Islandpferde 95

J

Jahrbuch, isländisches 13
„Jedermanns Bruchlinie"
 (Almannagjá) 85
Jóhannes-Kjarval-Museum
 (Kjarvalsstaðir) 44
Jugenherbergen 122

K

Kabeljaukriege 55
Kalender 13
Kartensperrung 115

Kaufmannsfeiertag 16
Keflavík International
 Airport 100
Kerið 89
Kinder 113
Kjarval, Jóhannes
 Sveinsson 44
Kleidung 102
Klima 124
Klimawandel 58
Klubs 39
Kolaportið (Flohmarkt) 75
Konditoreien 37
Konsulate 105
Kontinentalplatten 85
Konzerte 41
Krankenhäuser 112
Kreditkarte 105
Kringlan 21
Krone, Isländische 63
Küche, isländische 29
Kulturhaus 76
Kulturnacht 16
Kulturzentrum,
 nordisches 78
Kunstmuseum Reykjavíker
 Hafenhaus 44

L

Lachssaison 15
Landnámssýningin 68
Laugardalur 80
Laugavegur 19
Laxness, Halldór 59
Laxness-Haus 84
Lennon, John 17, 83
Lesben 117
Leuchtturm
 Reykjanes 91
Literaturtipps 110
Lögberg 85
Lokale 31

M

Maestro-Karte 105
Magnússon, Skúli 52, 68
Marathon 16

Medizinische
 Versorgung 112
Mehrwertsteuer 108
Mietwagen 104
Mittsommernacht 16
Mobiltelefon 119
Mondkalender 13
Museen 42
Musikszene 41

N

Nachtleben 39
Nationalfeiertag 16
Nationalgalerie
 (Listasafn Íslands) 45
Nationalmuseum 79
Naturgeister 61
Nauthólsvík
 (Strandbad) 116
Neuwahlen 65
Norden Voyager Card 107
Nordisches Haus 78
Notfall 115
Notruf 112

O

Öffnungszeiten 115
Ono, Yoko 17, 83
Ostern (Páskar) 15
Outdoorangebote 92
Outdoorkleidung 22
Outfit 102

P

Parkanlage 80
Parken 103
Parlamentsgebäude 69
Perlan 81
Plattenläden 26
Polarlicht 48
Polizei 115
Post 115
Preise 105
Preistipps 107
Prepaid-SIM-Karte 119
Publikationen 112
Pylsur 34

ANHANG
Register

Q, R
Quellen, heiße 51
Radfahren 115
Rathaus (Ráðhúsið) 71
Rauchen 39
Reagan, Ronald 80
Regierungshaus 74
Reisezeit 124
Reiten 95
Restaurants 31
Reykjavík Arts Festival 15
Reykjavík Gay Pride 16
Reykjavík International
  Filmfestival 17
Reykjavík Jazz Festival 16
Reykjavík
  Welcome Card 107
Rollstuhl 104
Rundflüge 11
Rundgang 8

S
Sæmundsson, Nína 72
Saga Museum 45
Schifffahrtsmuseum
  Víkin 46
Schmuck 25
Schnorcheln 96
Schutzmächte 70
Schwimmbäder 116
Schwule 117
Shopping 19
Sicherheit 118
Sigurðardóttir,
  Jóhanna 65, 117
Sigurðsson, Jón 70
Sigurjón Ólafsson
  Museum 46
Silfra-Spalte 96
Silvester (Gamlárskvöld) 19
Skeifan 22
Skolavörðustígur 21
Smáralind 22
Smoker's Guide 39
Snacks 34
Sólfar 77
Souvenirläden 27

Spasky, Boris 55
Sprache 59, 118
Sprachhilfe 126
Stadtcharakter 50
Stadtspaziergang 8
Stadtteich 47
Statue „Mutterliebe" 72
Sternbewertung 143
Strandbad Nauthólsvík 116
Straßen 102
Strokkur (Geysir) 87
Strom 105
Sun Voyager
Super-Jeep 98
Supermärkte 28
Symphonieorchester,
  Isländisches 42

T
Tageslicht 124
Tage von Kópavogur 15
Tangofestival 16
Tankstellen 104
Tauchen 96
Tax-Free 107
Taxis 123
Telefonbuch 119
Telefonieren 119
Termine 13
Thermalquelle Blesi 87
Tickets 109
Tjörnin 47, 114
Touristeninformation 108
Trinken 29
Trolle 61

U
Uhrzeit 119
Unabhängigkeit 52
Unterkünfte 119

V
Vegetarische
  Restaurants 35
Veranstaltungen 13
Verhaltenstipps 122
Verkehrsmittel 123

Viðey (Insel) 82
Visitor's Guide 112
Volcano Show 46
Vorwahl 119
Vulkankrater Kerið 89

W
Währung 105
Walbeobachtung 96
Wasser 51
Wasserfall 88
Weihnachten 18
Wetter 56, 124
What's on 112
Wikingermarkt 16
Wikingerschiff 77
Wind 56
Windowshopping 19
Winterfestival
  (Vetrarhátíð) 14
WLAN 37
Wochenendtrip 8
Wollkleidung,
  traditionelle 22

Y
Young Art Festival
  (Unglist) 18

Z
Zahnärzte 112
Zeitzone 119
Zeltplatz 122
Zoll 105
Zoo 81, 114

Þ
Þingvallabær 86
Þingvallavatn (See) 84
Þingvellir 84
Þjóðminjasafn Íslands 79
Þorláksmessa 18
Þorrablót 13
Þrettándinn (Dreizehnter) 13

CITYATLAS

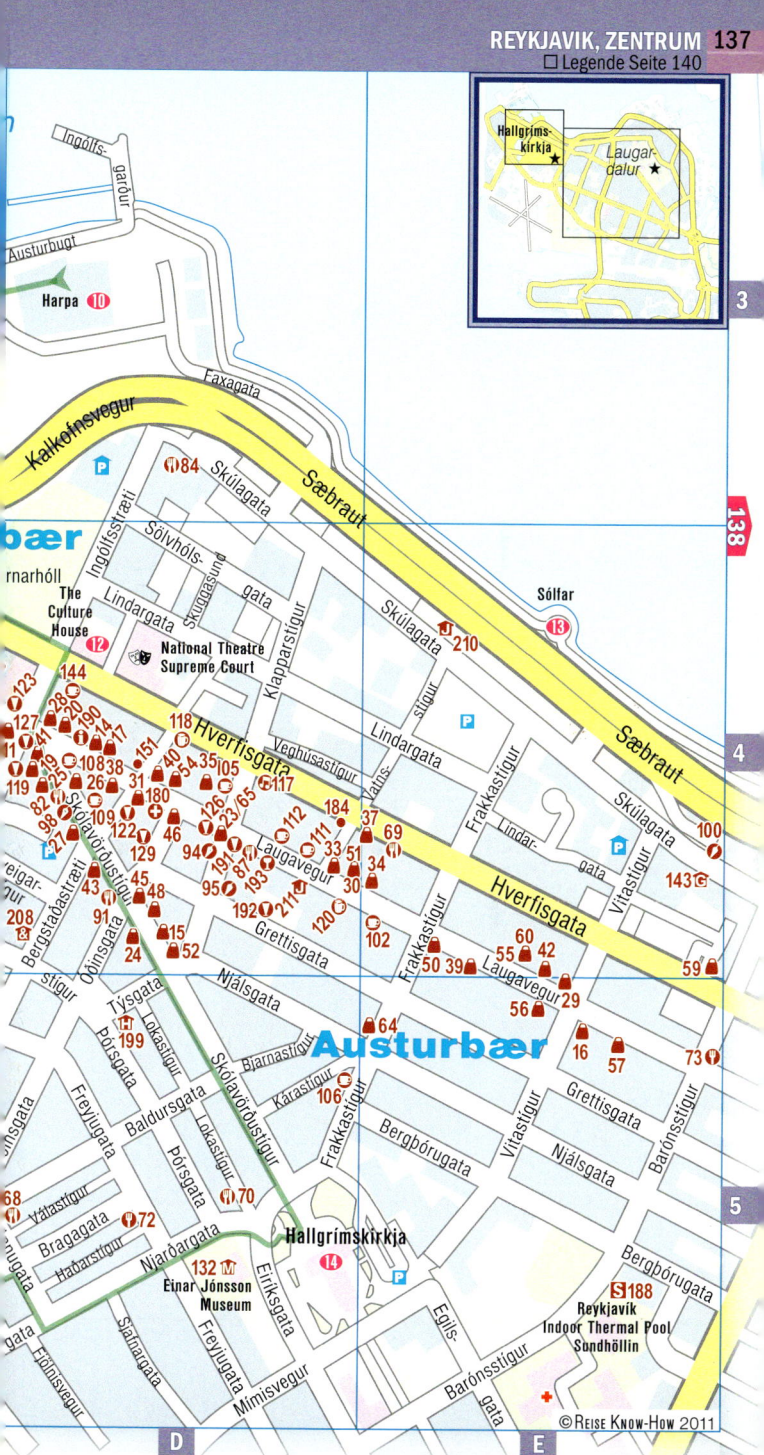

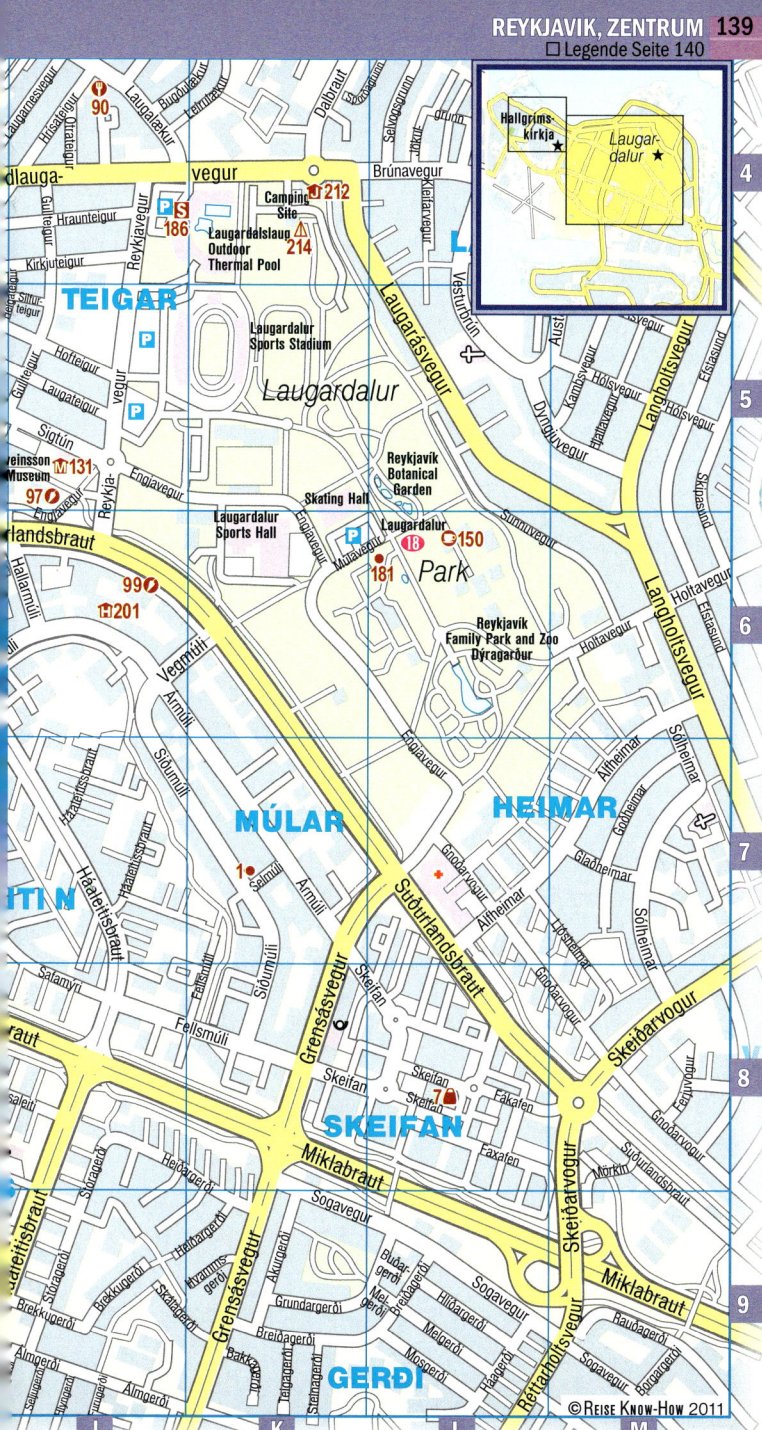

LEGENDE DER KARTENEINTRÄGE

- ❶ [B4] Aðalstræti S. 68
- ❷ [B4] 871±2 Besiedlungsausstellung (Landnámssýningin) S. 68
- ❸ [C4] Parlamentsgebäude (Alþingishúsið) S. 69
- ❹ [C4] Dom (Dómkirkjan) S. 70
- ❺ [B4] Rathaus (Ráðhúsið) S. 71
- ❻ [C4] Iðnó-Theater S. 72
- ❼ [C4] Gymnasium (Menntaskólinn í Reykjavík) S. 73
- ❽ [C4] Bernhöftsgruppe (Bernhöftstorfan) S. 73
- ❾ [C4] Regierungshaus (Stjórnarráðhúsið) S. 74
- ❿ [D3] Harpa S. 74
- ⓫ [C3] Flohmarkt Kolaportið S. 75
- ⓬ [D4] Kulturhaus (Þjóðmenningarhúsið) S. 76
- ⓭ [E4] Sólfar – Das Sonnenschiff S. 77
- ⓮ [D5] Hallgrímskirkja S. 77
- ⓯ [B6] Nordisches Haus (Norræna Húsið) S. 78
- ⓰ [B5] Nationalmuseum (Þjóðminjasafn Íslands) S. 79
- ⓱ [G4] Höfði S. 80
- ⓲ [L6] Laugardalur S. 80
- ⓳ [E8] Perlan S. 81
- ⓴ [S11] Freiluftmuseum Árbæjarsafn S. 82
- ㉑ [P1] Viðey S. 82
- ㉒ Þingvellir S. 84
- ㉓ Haukadalur – Geysire und heiße Quellen S. 87
- ㉔ Gullfoss S. 88
- ㉕ Kerið S. 89
- ㉖ Hveragerði S. 89
- ㉗ Geothermalkraftwerk Hellisheiði (Hellisheiðarvirkjun) S. 90
- ㉘ Blue Lagoon (Bláa Lónið) S. 90
- ㉙ Leuchtturm Reykjanes (Reykjanesviti) S. 91

- ●1 [K7] Elfenschule (Álfaskólinn) S. 12
- 🛍2 [B4] Kraum S. 21
- 🛍3 [B3] Kirsuberjatréð S. 21
- 👜4 [B3] Kogga S. 21
- 👜5 [I8] Kringlan S. 21
- 👜6 [J15] Smáralind S. 22
- 👜7 [L8] Skeifan S. 22
- 👜8 [C4] Cintamani S. 22
- 👜9 [C4] Icewear S. 22
- 👜10 [C4] North 66° (Norður 66°) S. 22
- 👜11 [D4] Zo-on S. 22
- 👜12 [H5] Álafoss S. 22
- 👜13 [C1] Farmers Market S. 22
- 👜14 [D4] Kisan S. 22
- 👜15 [D4] The Handknitting Association of Iceland S. 23
- 👜16 [E5] The Handknitting Association of Iceland S. 23
- 👜17 [D4] Andersen & Lauth S. 23
- 👜18 [G5] Atson S. 23
- 👜19 [D4] Birna S. 24
- 👜20 [D4] ELM S. 24
- 👜21 [B3] Gaga S. 24
- 👜22 [C4] GuSt S. 24
- 👜23 [D4] Hanna S. 24
- 👜24 [D4] Húfur sem hlæja S. 24
- 👜25 [D4] Huld S. 24
- 👜26 [D4] Nostrum S. 24
- 👜27 [D4] Rósa S. 24
- 👜28 [D4] Spaksmannsspjarir S. 24
- 👜29 [E5] Steinunn S. 24
- 👜30 [D4] Einvera S. 25
- 👜31 [D4] Forynja S. 25
- 👜32 [C4] Júniform S. 25
- 👜33 [D4] Kiosk S. 25
- 👜34 [E4] Mundi S. 25
- 👜35 [D4] The Collective of young Designers S. 25
- 👜36 [C4] Aurum S. 25
- 👜37 [E4] Elísabet Ásberg S. 25
- 👜38 [D4] Eureka-Art S. 25
- 👜39 [E4] Guðbrandur Jósef Jezorski S. 25
- 👜40 [D4] Gullkúnst Helgu S. 25
- 👜41 [D4] GÞ Skartgripir & úr S. 25

CITYATLAS 141
Legende der Karteneinträge

- 🛍42 [E4] Jón & Óskar S. 25
- 🛍43 [D4] Mariella S. 25
- 🛍44 [C4] Eymundsson S. 26
- 🛍45 [D4] Eymundsson S. 26
- 🛍46 [D4] Mál og Menning S. 26
- 🛍47 [C4] Ióa S. 26
- 🛍48 [D4] 12 Tónar S. 26
- 🛍49 [F5] Lucky Records S. 26
- 🛍50 [E4] Skífan S. 27
- 🛍51 [D4] Smekkleysa Plötubúð S. 27
- 🛍52 [D4] Geysir S. 27
- 🛍53 [C4] Iceland Giftstore Rammagerðin S. 27
- 🛍54 [D4] Kulusuk Art S. 27
- 🛍55 [E4] Herrafataverzlun Kormáks & Skjaldar S. 27
- 🛍56 [E5] JS Watch Co S. 28
- 🛍57 [E5] Village S. 28
- 🛍58 [C4] 10/11 S. 28
- 🛍59 [E4] 10/11 S. 28
- 🛍60 [E4] Bonus S. 28
- 🛍61 [C4] Bonus S. 28
- 🛍62 [B2] Kronan S. 28
- 🛍63 [B4] Kvósin S. 28
- 🛍64 [E5] Heilsubúðin S. 29
- 🛍65 [D4] Heilsuhúsið S. 29
- 🛍66 [F5] Yggdrasill S. 29
- 🛍67 [C4] Vínbúðin S. 30
- 🍴68 [D5] 3 Frakkar S. 31
- 🍴69 [E4] Austur Indía fjélagið S. 31
- 🍴70 [D5] Café Lóki S. 31
- 🍴71 [B6] Dill Restaurant S. 31
- 🍴72 [D5] Eldsmiðjan Pizzeria S. 31
- 🍴73 [E5] Eldsmiðjan Pizzeria S. 31
- 🍴74 [B3] Fish Company Fiskfélagið S. 31
- 🍴75 [B4] Fish Market Fiskmarkaðurinn S. 31
- 🍴76 [C5] Gallery Restaurant S. 32
- 🍴77 [B3] Geysir S. 32
- 🍴78 [B3] Hamborgarabúllan S. 32
- 🍴79 [C4] Humarhúsið S. 32
- 🍴80 [B3] Icelandic Fish and Chips S. 32
- 🍴81 [C4] Jómfrúin S. 32
- 🍴82 [D4] Ostabúðin S. 32
- 🍴83 [C4] La Primavera S. 33
- 🍴84 [D3] Panorama S. 33
- 🍴85 [E8] Perlan S. 33
- 🍴86 [C4] Pisa S. 33
- 🍴87 [D4] Santa Maria S. 33
- 🍴88 [C4] Shalimar S. 33
- 🍴89 [C4] Bæjarins Beztu S. 34
- 🍴90 [J4] Ísbúðin Laugalæk S. 34
- 🍴91 [D4] Sjávargrillið – Seafood Grill S. 35
- 🍴92 [B3] Tapasbarinn S. 35
- 🍴93 [C4] Thorvaldsen S. 35
- 🍴94 [D4] Á næstu grösum S. 35
- 🍴95 [D4] Garðurinn Ecstacy's Heart Garden S. 35
- 🍴96 [B3] Sægreifinn – Sea Baron S. 35
- 🍴97 [J5] Gló S. 36
- 🍴98 [D4] Grænn Kostur S. 36
- 🍴99 [J6] Krúska S. 36
- 🍴100 [E4] Kryddlegin Hjörtu S. 36
- 🍴101 [H4] Maður lifandi S. 36
- ☕102 [E4] Bakarí Sandholt S. 37
- ☕103 [B3] Café Haiti S. 37
- ☕104 [C4] Café Paris S. 37
- ☕105 [D4] Hemmi & Valdi S. 38
- ☕106 [D5] Kaffismiðja Íslands S. 38
- ☕107 [C4] Kaffitár S. 38
- ☕108 [D4] Kofi Tómasar frænda S. 38
- ☕109 [D4] Mokka Kaffi S. 38
- ☕110 [C4] Súfistinn S. 38
- ☕111 [D4] Te og kaffi S. 38
- ☕112 [D4] Tíu Dropar S. 38
- ☕113 [C4] Laundromat Café S. 38
- 🍸114 [C4] Austur S. 39
- 🍸115 [C4] B5 S. 39
- 🍸116 [C3] Bakkus S. 40
- 🍸117 [D4] Café Rósenberg S. 40
- 🍸118 [D4] Celtic Cross S. 40
- 🍸119 [D4] Den Danske Kro S. 40
- 🍸120 [D4] Dillon Rockbar S. 40
- 🍸121 [C4] Esja S. 40
- 🍸122 [D4] Kaffibarinn S. 40
- 🍸123 [D4] Kaffi Sólon S. 41
- 🍸124 [C4] Nasa S. 41
- 🍸125 [B3] Nema Forum S. 41
- 🍸126 [D4] Oliver S. 41
- 🍸127 [D4] Prikið S. 41
- 🍸128 [C3] Sódóma Reykjavík S. 41

CITYATLAS
Legende der Karteneinträge

- ❶129 [D4] Vegamót S. 41
- ❷130 [H8] Iceland Dance Company (Íslenski Dansflokkurinn) S. 42
- 🏛131 [J5] Ásmundur Sveinsson Museum (Ásmundursafn) S. 42
- 🏛132 [D5] Einar Jónsson Museum S. 43
- 🏛133 [C3] Fotografiemuseum Reykjavík S. 43
- 🏛134 [C3] Kunstmuseum Reykjavíker Hafenhaus (Listasafn Reykjavíkur Hafnarhús) S. 44
- 🏛135 [F6] Jóhannes-Kjarval-Museum (Kjarvalsstaðir) S. 44
- 🏛136 [C5] Nationalgalerie (Listasafn Íslands) S. 45
- 🏛137 [E8] Saga Museum S. 45
- 🏛138 [B2] Schifffahrtsmuseum Víkin (Víkin Sjóminjasafnið í Reykjavík) S. 46
- 🏛139 [J3] Sigurjón Ólafsson Museum (Listasafn Sigurjóns Ólafssonar) S. 46
- 🏛140 [C5] The Volcano Show S. 46
- ❶141 [B2] Sjávarbarinn S. 46
- 🖼142 [F5] Kunstgalerie Fold S. 47
- 🖼143 [E4] Reykjavík Art Gallery S. 47
- ❶144 [D4] Grái Kötturinn S. 37
- ❶150 [L6] Café Flóra S. 81
- ●151 [D4] Arctic Adventures S. 94
- ●152 [B7] Norðurflug S. 95
- 🆂154 [A7] Dive.is S. 96
- ●155 [B3] Elding S. 97
- ●156 [B3] Iceland Bike S. 97
- ●157 [C4] Icelandic Mountain Guides S. 97
- ●158 [H15] Iceland on Track S. 97
- ●160 [C4] Mountaineers of Iceland S. 97
- ●161 [C6] Reykjavík Excursions S. 97
- ●162 [C4] Icelandic Excursions S. 98
- ●163 [B3] Hvalalíf S. 98
- ●170 [I5] Sjálfsbjörg landssamband fatlaðra S. 105
- ❶171 [B3] Touristeninformation der Stadt Reykjavík S. 108
- ❶172 [C4] The Icelandic Travel Market S. 108
- ❶173 [C6] Busbahnhof BSÍ S. 108
- ●174 [F5] Polizei S. 109
- ❶175 [J15] Bereitschaftsdienst (Læknavaktin) S. 112
- ❶177 [I10] Notaufnahme Staatl. Krankenhaus Fossvogur S. 112
- ❶178 [B3] Staatl. Gesundheitszentrum (Heilsugæslustöð) Stadtmitte S. 112
- ❶179 [I6] Lyfja Apótek S. 112
- ❶180 [D4] Lyfja Apótek S. 112
- ●181 [L6] Reykjavík Familienzoo und -park S. 114
- 🚔182 [F5] Polizeipräsidium S. 115
- ✉183 [C4] Hauptpost S. 115
- ●184 [D4] Borgarhjól Bike Rental S. 116
- 🆂186 [J4] Laugardalslaug S. 116
- 🆂187 [D10] Strandbad Nauthólsvík S. 116
- 🆂188 [E5] Sundhöllin S. 117
- ❶190 [D4] Samtökin 78 S. 117
- ❶191 [D4] Bar Barbara S. 118
- ❶192 [D4] MSC Iceland S. 118
- ❶193 [D4] Trúnó S. 118
- 🏨194 [B3] Center Hotel Plaza S. 120
- 🏨195 [E4] Fosshotel Baron S. 120
- 🏨196 [C4] Hotel Borg S. 120
- 🏨197 [C5] Hotel Holt S. 120
- 🏨198 [I6] Hilton Nordica Hotel S. 120
- 🏨199 [D5] Hotel Óðinsvé S. 121
- 🏨200 [C8] Icelandair Hotel Loftleiðir S. 121
- 🏨201 [J6] ParkInn Island Hotel S. 121
- 🏨202 [C4] Radisson SAS 1919 Hotel S. 121
- ☎203 [B4] Chez Monique S. 121
- ☎204 [B3] House of the Spirits S. 121
- ☎205 [C5] Inga's New Guest Apartments S. 121
- ☎207 [C4] Pisa S. 122
- ☎208 [D4] Reykjavik4you S. 122
- ☎209 [B3] Three Sisters S. 122
- 🛏210 [E4] Kex S. 122
- 🛏211 [D4] Reykjavík Backpackers S. 122
- 🛏212 [K4] Reykjavík City S. 122
- 🛏213 [B3] Reykjavík Downtown S. 122
- △214 [K4] Reykjavík Campsite S. 122